Guia HBR

Feedback Eficaz

TÍTULO ORIGINAL
HBR Guides to: Delivering Effective Feedback

Original work copyright © 2016 Harvard Business School Publishing Corporation.
Published by arrangement with Harvard Business Review Press.

AUTORES
Heidi Grant Halvorson, Ed Batista, Jean-François Manzoni, Jean-Louis Barsoux,
Monique Valcour, Christina Bielaszka-DuVernay, Jim Whitehurst, Peter Bregman,
Holly Weeks, Amy Gallo, Daisy Wademan Dowling, Andy Molinsky, Rebecca Knight

Direitos reservados para Portugal por

CONJUNTURA ACTUAL EDITORA
Sede: Rua Fernandes Tomás, 76-80, 3000-167 Coimbra
Delegação: Avenida Engenheiro Arantes e Oliveira, 11 – 3.º C – 1900-221 Lisboa – Portugal
www.actualeditora.pt

TRADUÇÃO
Miguel Freitas da Costa

REVISÃO
Inês Fraga

CAPA
FBA, sobre capa original da Harvard Business School Publishing Corporation

PAGINAÇÃO
Edições Almedina, S.A.

IMPRESSÃO E ACABAMENTO:
Papelmunde

Março, 2018

DEPÓSITO LEGAL
438781/18

Toda a reprodução desta obra, por fotocópia ou qualquer outro processo, sem prévia autorização
escrita do Editor, é ilícita e passível de procedimento judicial contra o infrator.

Biblioteca Nacional de Portugal – Catalogação na Publicação
HALVORSON, Heidi Grant, e outros
FEEDBACK EFICAZ/Heidi Grant Halvorson, Ed.
Batista, Jean-François Manzoni. – (Guias)
ISBN 978-989-694-282-3
I – BATISTA, Ed
II – MANZONI, Jean-François
CDU 316

Guia HBR

Feedback Eficaz

**Melhore o desempenho da sua equipa
Aprenda a comunicar
Reforce os objetivos traçados**

O que vai aprender aqui

Tem medo de perder o seu melhor colaborador para um emprego mais sedutor?

Ou debate-se com um colaborador problemático?

Aterrorizam-no as avaliações anuais de desempenho?

Na qualidade de gestor, sabe que é importante dar aos seus empregados o *feedback* de que precisam para crescer. Mas fazê-lo de uma maneira que os motive a melhorar pode ser um desafio difícil. E a perspetiva de defrontar alguém que dê rédea solta às emoções pode parecer intimidante.

Mas, quer esteja a discutir uma avaliação formal quer esteja a tratar de comportamentos do dia a dia, pode transformar esses encontros cheios de tensão em conversas produtivas. Repletos de conselhos práticos sobre todas as situações, desde o *feedback* construtivo até ao reconhecimento de um trabalho excecional, este guia proporcionar-lhe-á as ferramentas e a confiança de que precisa para dominar a técnica de um *feedback* eficaz àqueles que lhe estão diretamente subordinados.

Aprenderá a:

- Incorporar o *feedback* contínuo na sua interação diária com os empregados.
- Transformar as avaliações anuais em catalisadores de crescimento.
- Preparar-se para uma conversa tensa com um interlocutor combativo.
- Providenciar uma mensagem clara que destaque o melhoramento.

O *FEEDBACK* CONTÍNUO

- Identificar as razões que estão por trás dos problemas de desempenho – incluindo o seu próprio papel.
- Motivar individualmente os colaboradores pelo reconhecimento do que conseguiram.
- Preparar o seu melhor colaborador a passar ao nível seguinte.
- Medir o desempenho quando os resultados não são facilmente quantificáveis.
- Estabelecer objetivos que ajudem a sua equipa a desenvolver-se
- Comunicar as críticas eficazmente de uma cultura para outra
- Fazer participar a sua equipa nas discussões globais

Índice

Secção 1: **O *FEEDBACK* CONTÍNUO**

1. *Feedback* eficaz 15
   Definição dos dois tipos de feedback.

2. Às vezes, o *feedback* negativo é o melhor
   Para alguns pode ser mais motivador do que os louvores.
   HEIDI GRANT HALVORSON 19

3. Um *feedback* que perdure
   Evite uma reação de luta ou fuga.
   ED BATISTA 23

4. A melhor maneira de dar más notícias
   Adotar uma atitude aberta nas discussões
   JEAN-FRANÇOIS MANZONI 35

5. Síndrome do fracasso programado
   *Como os chefes criam os seus próprios subordinados
   insatisfatórios*
   JEAN-FRANÇOIS MANZONI e JEAN-LOUIS BARSOUX . . . 51

6. Como dar *feedback* que ajude as pessoas a crescer
   Estabelecer confiança, depois centrar-se na melhoria.
   MONIQUE VALCOUR 79

7. Reconhecer de modo significativo o bom trabalho
   Talhe as recompensas à medida da pessoa e do esforço
   CHRISTINA BIELASZKA-DUVERNAY 85

Secção 2: **AVALIAÇÕES DE DESEMPENHO FORMAIS**

8. Uma avaliação de desempenho eficaz
   Cinco regras básicas para que corra bem.
   REBECCA KNIGHT 93

9. Gerir desempenhos difíceis de medir
   O foco deve estar no indivíduo, não na classificação.
   JIM WHITEHURST 101

10. Deixemos de nos preocupar com os pontos fracos
    dos nossos empregados
    Realçar os pontos fortes para ajudar o seu desenvolvimento.
    PETER BREGMAN........................... 109

11. Como estabelecer e apoiar os objetivos dos empregados
    Preparar os empregados para o êxito.
    AMY GALLO 113

12. Quando outorgar uma promoção ou um aumento
    *Primeiro, assegurar-se de que são capazes de executar a tarefa
    que pretendem*
    AMY GALLO 123

13. Dicas para a manutenção de registos. 133
    *Documentar os desempenhos para as avaliações correrem
    sem atritos.*

Secção 3: **TÓPICOS DIFÍCEIS**

14. Como ajudar os que não estão à altura
    Identificar o problema e ver se o coaching pode ajudar.
    AMY GALLO 137

15. Endereçar críticas a um empregado na defensiva
Ater-se aos factos.
HOLLY WEEKS 147

16. Como dar às estrelas da companhia um *feedback*
produtivo
Discutir desempenho, novas fronteiras e aspirações.
AMY GALLO 153

17. Dar prioridade ao *feedback* — mesmo que falte tempo
Três maneiras de ser mais eficiente.
DAISY WADEMAN DOWLING. 161

18. Navegar nas águas agitadas do *feedback* intercultural
Fazer alterações subtis para se adaptar.
ANDY MOLINSKY 165

19. Como discutir desempenhos com a nossa equipa
Deixá-los falar primeiro.
REBECCA KNIGHT 169

Índice 177

Secção 1
O *feedback* contínuo

Capítulo 1
Feedback eficaz

PARA A MAIOR PARTE DOS GESTORES, a perspetiva de comunicar críticas aos seus empregados pode ser muito enervante. Talvez estejam preocupados com a reação deles. Ou duvidem de que tais comentários façam qualquer diferença no seu trabalho ou comportamento.

Mas a verdade é que eles são uma ferramenta vital para garantir que os empregados de uma organização estão a fazer progressos. Uma conversa de *feedback* é uma oportunidade que temos para partilhar com os empregados as nossas observações sobre o desempenho das respetivas tarefas e suscitar mudanças produtivas. Sem isso, não farão ideia de como os vemos. Se evitarmos conversas duras logo de início com os que têm menor rendimento, o seu desempenho (e possivelmente de toda a equipa) cairá a pique. Se dermos por adquirido que os melhores elementos conhecem o seu valor e continuarão a trabalhar bem, eles podem começar a «marcar ponto» ou deixar pura e simplesmente a empresa para progredirem nas suas carreiras.

O *feedback* aumenta a autoconsciência dos empregados e promove mudanças positivas em toda a organização. Há dois tipos principais: o *Feedback* **Contínuo** é aquele que ocorre numa base regular ou *ad hoc*; pode ser dado para cima (ao nosso superior), para baixo (aos empregados) ou transversalmente a toda a linha da organização (aos nossos pares). O *Feedback* **Formal**, partilhado normalmente durante as avaliações de desempenho anuais ou semestrais, tende a dar-se entre nós e aqueles que nos respondem diretamente.

Este guia vai preparar-nos para discutir estes dois tipos de comunicação.

O *Feedback* Contínuo

Com base nos objetivos estabelecidos no princípio do ano entre os gestores e os seus empregados, o *feedback* contínuo proporciona oportunidades para uma intervenção precoce caso alguém não esteja a mostrar-se à altura. Permite também reconhecer e reforçar o bom trabalho. O *feedback* contínuo inclui conversas de ocasião (comentários construtivos sobre a forma como foi feita determinada apresentação dum empregado ao conselho de administração, por exemplo), as reuniões semanais de avaliação com cada um dos elementos de uma equipa para medir a progressão, tanto no que respeita aos objetivos mais amplos como aos mais limitados, e as sessões de *coaching* profissional. Esse género de interações frequentes não só ajuda as pessoas a manter-se na linha, como também nos ajudam a preparar-nos para a avaliação formal anual. Tomando nota das nossas observações e discutindo a progressão dos empregados ao longo do ano já saberemos onde residem os pontos fortes e fracos dos que respondem perante nós, e os empregados já estarão a trabalhar nas áreas que requerem melhoria e desenvolvimento antes da sessão de avaliação formal.

O *Feedback* Formal

O *feedback* formal capacita-nos para sumariar todas as avaliações e o apoio por nós providenciado ao longo do ano. Como o *feedback* contínuo, estas avaliações anuais proporcionam uma oportunidade de identificar o que está a correr bem no desempenho de um empregado e diagnosticar os problemas antes que se agravem. Esta discussão não deveria conter quaisquer surpresas: já deveremos ter falado sobre as questões de desempenho nas sessões de *feedback* contínuo, bem como das expetativas que afetam salário, aumentos por mérito, prémios e promoções. Porém, a avaliação formal também nos dá ocasião para planear o futuro. Permite--nos, a nós e aos nossos subordinados diretos, discutir em que pontos eles se podem desenvolver e colaborar em novos objetivos para o ano seguinte, de modo a avançarem no seu trabalho e na carreira.

Deve pensar-se no *feedback*, quer contínuo quer formal, como parte de uma parceria com os empregados, uma parceria que promove a confiança e um diálogo franco. Estes últimos devem ser encorajados, por exemplo, a indicar os fatores que apoiam ou entorpecem o seu trabalho; podem fazê-lo na discussão cara a cara ou numa autoavaliação escrita que preceda a reunião. Talvez a consolidação de relações com os membros da equipa por meio de almoços ou saídas depois do trabalho os esteja a ajudar a alcançar objetivos importantes. Ou talvez a dificuldade em controlar o tom dos *e-mails* esteja a alienar gestores-chave de projetos IT. Devem ser também encorajados a anotar os seus êxitos («Fechei dois novos negócios no valor de 100 000 euros e combinei uma reunião semanal de ponto da situação com o nosso novo distribuidor») e a indicar os recursos de que precisam para o seu desenvolvimento futuro (tais como formação no novo sistema de relatório de vendas ou um mentor que os aconselhe quanto a uma nova função do seu trabalho).

Dado que o temor do *feedback* é tão generalizado (de ambos os lados do intercâmbio) poderá pensar-se que nunca conseguiremos ultrapassar a nossa ansiedade e ter uma conversa relevante com um subordinado direto. Mas consegue-se — e os artigos deste guia vão ajudar-nos.

Adaptado de *Giving Feedback*, *Performance Appraisal*, ambos da série Pocket Mentor, e dos livros da série '20-Minute Manager' intitulados *Giving Effective Feedback* e *Performance Reviews*.

Capítulo 2
Às vezes, o *feedback* negativo é o melhor

por Heidi Grant Halvorson

ACHO QUE ME VAI ESTOIRAR A CABEÇA se tornar a ver um artigo sobre como nunca se deve ser «crítico» ou «negativo» quando se dá *feedback* a um empregado ou a um colega. É incrivelmente frustrante. Este género de conselho é sem dúvida bem-intencionado e, de facto, *soa* bem. No fim de contas, é pouco provável que haja quem se delicie com a ideia de ter de dizer a alguém o que está a fazer mal – é, no mínimo, um tanto embaraçoso para ambos.

Mas evitar o *feedback* negativo é ao mesmo tempo erróneo e perigoso. *Erróneo*, porque, quando é feita da maneira correta, na altura certa, a crítica é na verdade altamente motivadora. *Perigoso*, porque sem a consciência dos erros que está a cometer ninguém tem qualquer possibilidade de melhorar.

Manter-se «positivo» ao distribuir *feedback* só nos leva até certo ponto.

Espere lá, dirá o leitor. *Não poderá o feedback negativo ser desencorajador? Desmotivador?*

É absolutamente verdade.

E não é verdade que as pessoas precisam de encorajamento para se sentirem confiantes? Não as ajuda a manterem-se motivadas?

Em muitos casos, sim.

Desconcertante, não é? Felizmente, a brilhante investigação levada a cabo por Stacey Finkelstein da Universidade de Columbia e Ayelet Fishbach da Universidade de Chicago lança alguma luz sobre a natureza aparentemente paradoxal do *feedback* ao tornar claro porquê, quando e para quem o *feedback* negativo é apropriado. O elogio (por exemplo, *Eis uma coisa que fez realmente bem...*) aumenta o nosso empenho no trabalho ao reforçar tanto a nossa experiência como a nossa confiança. Por outro lado, uma apreciação mais crítica (por exemplo, *Eis onde se enganou ...*) é *informativa* − diz-nos onde precisamos de aplicar mais esforços e dá-nos uma perspetiva de como poderemos melhorar.

Dadas estas duas diferentes funções, o *feedback* positivo e o negativo serão mais eficazes (e mais motivadores) para diferentes pessoas em diferentes momentos. Quando não sabemos bem o que estamos a fazer, o encorajamento ajuda-nos a manter-nos otimistas e a sentirmo-nos mais à vontade perante os desafios que enfrentamos − uma coisa de que tendem a precisar os *novatos*. Mas, quando somos *especialistas* e já sabemos mais ou menos o que estamos a fazer, é a crítica construtiva que nos pode ajudar a alcançar a máxima forma.

Como Finkelstein e Fishbach mostram, tanto novatos como especialistas procuram, e são motivados, por diferentes espécies de informação. Num dos seus estudos, foi perguntado a alguns estudantes americanos que tinham aulas de Francês de nível elementar ou avançado se preferiam um professor que sublinhasse o que estavam a fazer bem (centrando-se nos seus pontos fortes) ou o que estavam a fazer mal (centrando-se nos seus erros e em como corrigi-los). Os principiantes, na larga maioria, preferiam um professor animador, focado nos pontos fortes. Os estudantes mais adiantados, por outro lado, preferiam um mais crítico que os ajudasse a desenvolver as suas aptidões mais fracas.

Num segundo estudo, os investigadores contemplaram os comportamentos num terreno muito diferente: o campo das ações amigas do ambiente. Os «especialistas» eram membros de organizações ambientais (o Greenpeace, por exemplo) enquanto os «novatos» não o eram. Cada participante no estudo fez uma lista das ações amigas do ambiente que regularmente efetuava – coisas como reciclar o lixo, evitar a água engarrafada e tomar duches mais curtos. Foi-lhes oferecido *feedback* de um consultor ambiental sobre a eficácia das suas ações e dado a escolher: preferiam saber mais sobre as que *são* eficazes ou sobre as que o *não* são? Os especialistas tendiam muito mais a escolher o *feedback* negativo – sobre as ações ineficazes – do que os novatos. Em conjunto, estes estudos mostram que as pessoas já experientes num certo domínio – pessoas que já desenvolveram alguns conhecimentos e aptidões – não vivem efetivamente no pavor do *feedback* negativo. Pelo contrário, até o procuram. Dão-se conta intuitivamente de que este lhes oferece a chave da sua progressão, enquanto o *feedback* positivo se limita a informá-los do que já sabem. Mas quanto a motivação? Que género de *feedback* nos faz querer agir? Quando foi dado *aleatoriamente* aos participantes no estudo ambiental *feedback* positivo ou negativo sobre as suas ações e depois lhes foi perguntado que parte dos 25 euros que recebiam por participar queriam doar à Greenpeace, o tipo de *feedback* que receberam teve um efeito dramático na sua motivação para dar. Quando o *feedback* recebido foi negativo, os especialistas doaram mais em média (8,53 euros) à Greenpeace do que os novatos (1,24 euros). Mas quando o *feedback* recebido era positivo os novatos davam muito mais (8,31 euros) do que os especialistas (2,54 euros).

Não estou a sugerir que nunca assinalem aos maçaricos os seus erros ou que nunca elogiem os profissionais por um trabalho fora de série. E, claro, o *feedback* negativo deverá ser sempre acompanhado de bons conselhos e dado com tato.

Mas *estou* a sugerir, sim, que amontoar elogios é um motivador mais eficaz para um novato do que para um profissional. E estou a dizer, sem rodeios, que ninguém se deve preocupar assim tanto quando se trata de assinalar erros a alguém experiente. O *feedback* negativo não lhes irá destruir a confiança – vai só, provavelmente, dar-lhes a informação de que precisam para levar o seu desempenho a um nível mais alto.

Heidi Grant Halvorson, PhD, é diretora associada do Motivation Science Center na *Business School* da Universidade de Columbia e autora de *Nine Things Successful People Do Differently* e de *No One Understands You and What to Do about It.*

Adaptado de um conteúdo publicado em hbr.org. a 28 de janeiro de 2013.

Capítulo 3
Um *feedback* que perdure

por Ed Batista

«POSSO DAR-LHE ALGUM *FEEDBACK*?» Quando fazemos esta pergunta a um dos nossos empregados, é quase certo que o ritmo cardíaco e a pressão arterial dele aumentem e pode ser que experimente outros sintomas de ansiedade. São os sintomas de «reação a uma ameaça», também conhecida por «lutar ou fugir»: uma cascata de acontecimentos neurológicos e fisiológicos que afetam a capacidade de processar informação complexa e reagir refletidamente. Quando as pessoas assim reagem são menos capazes de absorver e aplicar as observações que lhes fazem.

Decerto, todos nós notámos esta dinâmica em situações de *feedback* que não correram tão bem como esperávamos. Certas pessoas reagem com explicações, numa postura defensiva, ou até hostilmente, enquanto outras minimizam o contacto visual, cruzam os braços, inclinam-se para a frente e, em geral, assumem o aspeto de quem preferiria fazer outra coisa qualquer a falar connosco. Estes comportamentos de «lutar ou fugir» sugerem que os comentários não terão provavelmente o impacto desejado.

Como pode evitar que esta reação se desencadeie – e dar *feedback* que a sua equipa possa digerir e usar? As diretrizes que se seguem ajudá-lo-ão.

Cultivar a relação

Lançamos as bases de um *feedback* eficaz cultivando as relações com os outros ao longo do tempo. Quando as pessoas se sentem ligadas a nós, é menos provável que até as conversas difíceis desencadeiem uma reação de defesa. O psicólogo social John Gottman, especialista de renome na construção de relações, tem descoberto nas suas investigações que o êxito em conversas difíceis depende daquilo a que chama «a qualidade da amizade». Gottman menciona vários passos que podemos dar para desenvolver relações de alta qualidade:

- **Fazer a outra pessoa sentir-se «conhecida».** Consciencializar os nossos interlocutores de que os vemos como indivíduos – e não apenas como empregados – é um passo crítico neste processo, mas não precisa de consumir tempo em excesso. Há alguns anos um cliente meu de *coaching* que dirigia uma empresa de tamanho médio achava que estava demasiado distante dos seus empregados, mas não tinha tempo para todos os dias os levar a almoçar um a um. O compromisso a que chegou foi encarar qualquer interação, por mais fugaz que fosse, como uma oportunidade para conhecer um bocadinho melhor a pessoa em questão. Adquiriu o hábito de fazer aos empregados uma pergunta sobre trabalho ou a sua vida pessoal de cada vez que se cruzava com eles. «Sempre que posso, estabeleço uma ligação», disse-me. Embora por vezes isso lhe abrandasse a travessia do escritório, o resultado valia a pena.
- **Responder até aos mais pequenos pedidos de atenção.** Procuramos atenção daqueles que nos rodeiam não só de

UM *FEEDBACK* QUE PERDURE

maneiras óbvias, mas também através de inúmeros «apelos» subtis. Como Gottman escreve em *The Relationship Cure,* «um apelo pode ser uma pergunta, um gesto, um olhar, um toque – uma simples expressão que diga: "Quero sentir-me ligado a si." A resposta a um destes apelos é apenas isso – uma reação positiva ou negativa ao pedido de ligação emocional por parte de alguém.» Mas muitos de nós não nos apercebemos desses apelos dos nossos empregados. Isso deve-se ao facto de observarmos pouco as deixas sociais de pessoas sobre as quais exercemos autoridade, segundo uma investigação de Dacher Keltner da Universidade da Califórnia, em Berkeley, e outros. Para se ligar mais eficazmente aos empregados verifique primeiro até que ponto repara – ou não reparou no passado – nos esforços deles para obter a sua atenção. E solicite *feedback* de colegas, amigos e membros da sua família sobre a sua capacidade de escuta, perguntando-lhes quantas vezes costuma interromper os outros.

- **Exprima regularmente o seu apreço**. Segundo a investigação de Gottman, o rácio entre interações positivas e negativas numa relação bem-sucedida é de 5:1, mesmo em períodos de conflito. Este rácio não se aplica a uma só conversa e não significa que sejamos obrigados a fazer cinco elogios antes de oferecermos um *feedback* crítico (na verdade, fazendo-o, poderíamos tornar confusa a nossa mensagem). Mas realça a importância de proporcionar *feedback* positivo e exprimir outras formas de apreço ao longo do tempo de maneira a fortalecer a relação. (ver a caixa «Os perigos do *feedback* positivo.»)

Os perigos do *feedback* positivo

SUPÕE-SE QUE OS ELOGIOS FAZEM com que os empregados se sintam bem, motivando-os, mas muitas vezes acontece exatamente o contrário. Eis os três problemas mais comuns e maneiras de os evitar:

1. *As pessoas não confiam nos elogios.* Antes de dar *feedback* aos seus subordinados diretos diz alguma coisa simpática para suavizar o golpe? Muitos de nós fazemo-lo – e isto condiciona involuntariamente as pessoas a ouvirem o *feedback* positivo como um preâmbulo oco da verdadeira mensagem. Em lugar de se sentirem genuinamente apreciadas, ficam à espera da pancada. Embora tenhamos atenuado a nossa ansiedade enquanto portadores de más notícias, não ajudámos o nosso subordinado direto a recebê-las. Minámos, na verdade, a nossa capacidade de dar qualquer *feedback* significativo, positivo ou negativo.

Que fazer: Em vez de dar uma colherada de açúcar antes de cada dose de crítica construtiva, comecemos pelo nosso investimento na relação e nas razões para aquela conversa. Por exemplo: «É importante que possamos ser francos e diretos um com o outro de maneira a trabalharmos bem juntos. Tenho algumas preocupações que devemos discutir e estou confiante de que as podemos resolver.»

2. *As pessoas ficam ressentidas.* Os gestores também usam o *feedback* positivo para vencer a resistência a solicitações. Esta tática ancestral pode surtir efeito na altura, mas acarreia um custo a longo prazo. Cria um sentimento de obrigação, uma «dívida social» que o destinatário se sente obrigado a pagar acedendo aos nossos desejos. Porém, se as pessoas forem habituadas a esperar sempre solicitações depois de elogios, acabam por se sentir manipuladas e ficar ressentidas – e menos inclinadas a ajudar-nos.

Que fazer: Motivar as pessoas a longo prazo expandindo o nosso instrumental de persuasão. Como explica Jay Conger no seu artigo clássico *The Necessary Art of Persuasion* (HBR, maio-junho de 1998), podemos ganhar uma influência duradoura de quatro maneiras: estabelecendo a nossa credibilidade por meio da competência e do trabalho realizado no interesse de outros; formulando objetivos em torno de um terreno comum e de vantagens mútuas; apoiando as nossas opiniões com dados convincentes e exemplos; e estabelecendo uma ligação emocional com as pessoas, de modo a torná-las mais recetivas à nossa mensagem.

UM *FEEDBACK* QUE PERDURE

3. ***Elogiamos as coisas erradas.*** Quando dirigido a alvos errados, o elogio faz mais mal do que bem. Como nota a psicóloga de Stanford Carol Dweck, numa entrevista da HBR IdeaCast de janeiro de 2012, «o movimento em prol da autoestima ensinou-nos erradamente que elogiar a inteligência, o talento e as aptidões de alguém promoveria a sua autoconfiança e autoestima, sendo que tudo o resto viria por acréscimo. Mas verificámos que é contraproducente. As pessoas elogiadas pelo seu talento ficam preocupadas com o que têm de fazer a seguir, com a possibilidade de, ao assumir tarefas difíceis, não parecerem talentosas, manchando a sua reputação. De modo que se manterão nas suas zonas de conforto e mostram-se realmente defensivas quando se defrontam com revezes».

Que fazer: Louvar o esforço, não a capacidade. Dweck sugere que nos foquemos nas «estratégias, na pertinácia e na persistência, no estofo e na resiliência» que as pessoas manifestam perante os desafios. E explicar exatamente que ações suscitaram o louvor. Quando somos vagos ou genéricos não reforçamos o comportamento desejado.

Preparar a cena

Uma vez assentado o trabalho de base com o empregado, a preparação de uma discussão de *feedback* deve considerar a logística. É fácil dar por adquirido o cenário que nos rodeia, mas este tem um grande impacto em qualquer interação. Prestar atenção a pormenores deste género ajudará a tornar as conversas mais produtivas:

- **Marcação.** Pense bem na marcação de uma sessão de *feedback*, quer seja uma conversa informal mais curta ou uma discussão a fundo mais longa. Em vez de se limitar a encaixá-la num intervalo disponível do seu calendário, escolha uma altura em que ambos estejam no vosso melhor, tal como ao princípio do dia, antes de ficarem assoberbados com outras questões, ou ao fim do expediente, quando há mais tempo para refletir. Pense nas atividades em que vão estar ocupados imediatamente antes e logo depois da reunião. Se qualquer dos dois vem de uma experiência stressante (ou a vai ter a seguir), será melhor encontrar outra altura.

- **Duração.** Muitas vezes atribuímos uma duração padrão nos nossos calendários a certas reuniões sem ter em conta o que é realmente preciso para cada interação. Pense quanto tempo levará uma dada conversa de *feedback* se correr bem – e quanto se correr mal. Não lhe interessa ver-se envolvido numa conversa importante com um empregado e verificar de repente que está atrasado para a reunião seguinte. Considere também o que fará se a sessão correr pior (ou melhor) do que esperava. Quão mal (ou bem) terá de correr para que ignore o ponto seguinte do seu calendário a fim de continuar a conversa?

- **Localização física.** Um encontro no seu gabinete reforçará os papéis hierárquicos, o que pode ser útil quando precisa de estabelecer alguma distância entre si e o interlocutor – mas também induzirá tensão e aumentará as probabilidades de uma reação defensiva. Um cenário menos formal – como uma sala de reuniões, um restaurante ou, até, ao ar livre – colocá-los-á numa posição mais equilibrada e reduzirá a probabilidade de uma «reação à ameaça». Escolha uma localização que se adeque às necessidades da conversa, assegure-se de que tem privacidade e minimize as interrupções e distrações.

- **Proximidade.** Numa reunião com um empregado num gabinete ou numa sala de reuniões, sentarem-se um de cada lado da secretária ou da mesa cria uma distância física, que sublinha os respetivos papéis e reforça a sua autoridade. Mas nem sempre o desejamos. Quando se trata de tentar criar uma ligação mais forte com a outra pessoa ou transmitir uma maior sensação de empatia, é preferível sentarmo-nos mais perto e em lados contíguos da secretária ou mesa. Pense na proximidade ótima entre si e a outra pessoa naquele momento. Talvez até seja formal demais estarem sentados e devam dar um passeio.

Ater-se a factos e não a presunções

A seguir, concentre-se na mensagem que pretende transmitir.

É certo e sabido que vai provocar uma reação defensiva se o *feedback* que der for encarado como injusto ou inexato. Na verdade, ele deve abordar o desempenho com base nos objetivos e metas estabelecidos no princípio do ano. Porém, às vezes, esta apreciação não é branco no preto. Como evitar uma reação negativa, dado que são tão subjetivas as perceções do que é justiça e exatidão?

David Bradford da Escola Superior de Gestão de Stanford sugere que fiquemos «do nosso lado da rede» – isto é, centremos o *feedback* na nossa opinião sobre o comportamento em causa, evitando referências aos motivos da outra pessoa. Do «nosso lado da rede» estamos em terreno seguro; os outros podem não gostar do que dizemos quando descrevemos o que achamos, mas não podem questionar a sua exatidão. Quando, porém, damos palpites sobre os motivos dos outros, atravessamos para o seu lado da rede e até inexatidões mínimas podem provocar uma reação defensiva.

Assim, por exemplo, quando damos *feedback* crítico a alguém que habitualmente chega atrasado, somos tentados a dizer coisas do género: «Não dá valor ao meu tempo e isso é uma falta de respeito.» Mas são palpites sobre o estado de espírito de outra pessoa, não declarações de facto. Basta estarem ligeiramente ao lado para que o empregado se sinta incompreendido e fique menos recetivo ao *feedback*. Uma maneira mais eficaz de fazer a mesma observação seria dizer: «Quando chega atrasado, sinto-me desvalorizado e desrespeitado.» É uma distinção subtil, mas, focando-nos no comportamento específico e na nossa própria reação, evitamos uma suposição inexata e discutível.

Visto que os motivos são muitas vezes obscuros, estamos sempre a cruzar a rede no esforço de dar sentido ao comportamento alheio. Embora isto seja inevitável, é uma boa prática repararmos quando estamos a supor os motivos de alguém e voltarmos para o nosso lado da rede antes de proferir o *feedback*. (Para mais sobre como formular a discussão de *feedback* ver o próximo capítulo, «Uma melhor maneira de dar más notícias».)

Gerir as emoções

Embora o excesso de sentimentos negativos iniba a aprendizagem e a comunicação, as emoções desempenham um papel vital no *feedback*. Exprimem ênfase e dão a saber aquilo que valorizamos. As experiências emocionais perduram nas pessoas, duram mais nas suas memórias e são mais fáceis de recordar. A extensa investigação em neurociência das últimas décadas torna claro que as emoções são essenciais para o nosso processo de raciocínio: as emoções fortes podem desviar-nos do rumo certo, mas em geral as emoções promovem uma melhor tomada de decisões.

De modo que, embora querendo evitar uma reação defensiva, não se devem retirar da discussão todas as emoções. Isso pode diminuir o impacto do *feedback* e levar a um ciclo de conversas ineficazes. Em vez disso, deve visar-se um equilíbrio: exprimir *apenas* a emoção *bastante* para envolver a outra pessoa, mas não tanta que provoque uma reação defensiva ou hostil, que ponha fim à conversa ou danifique a relação. (Se prevê uma reação combativa, veja o capítulo 15, «Endereçar críticas a um empregado na defensiva»).

A quantidade certa de emoção depende da questão que está a ser abordada e varia de uma relação para outra – e até de um dia para outro. A questão-chave é em que medida a outra pessoa reagirá às nossas emoções. Um cliente meu de *coaching* que iniciara recentemente uma empresa dera um *feedback* crítico ao seu cofundador, mas conversas anteriores não tinham tido o efeito desejado. Para que o *feedback* surtisse efeito, o meu cliente precisou de se acalorar bastante e ser mais expressivo tanto vocal, como fisicamente. Isto resultou porque os dois eram amigos de longa data. O cofundador não reagiu na defensiva – antes pelo contrário, a intensidade fê-lo prestar atenção. Em contrapartida, quando este mesmo cliente tinha algum *feedback* negativo a transmitir a um subordinado refreava as suas emoções, modulando a sua expressividade e comunicando o *feedback* num tom normal. O objetivo era transmitir a importância das questões sem avassalar o subordinado; neste caso, a autoridade do meu cliente era suficiente por si só.

Podemos não saber, é claro, como reagirá outra pessoa às nossas emoções e quando somos assaltados por sentimentos fortes é difícil calibrar o modo como os exprimimos numa conversa. A solução está em praticar. Tendo mais diálogos de *feedback*, aprendemos não só como reage a nós cada indivíduo, mas também como exprimimos as nossas emoções de maneiras úteis ou inúteis.

Ensaiar e repetir

Com um pouco de prática, estas orientações ajudá-lo-ão a melhorar a sua capacidade para o *feedback*. Como acontece com qualquer técnica que esteja a tentar dominar, deve experimentá-las em situações de baixo risco antes de se abalançar a conversas de *feedback* de alta escala. Eis algumas das maneiras de tornar o *feedback* um hábito e melhorar as suas capacidades:

- **Tenha conversas de *feedback* mais frequentes.** Em vez de guardar o *feedback* para uma avaliação de desempenho do seu subordinado, que cubra uma ampla variedade de tópicos, dê-lhe regularmente *feedback* específico sobre questões mais limitadas. Mesmo uma conversa de dois minutos depois de uma reunião ou de uma apresentação pode ser uma oportunidade útil de aprendizagem para ambos. A caixa «Quando dar *feedback*» oferece várias recomendações sobre quando este pode ser benéfico, bem como quando poderá não o ser.

- **Exercite conversas difíceis.** Com clientes da minha atividade de *coaching* e alunos de MBA em Stanford tenho verificado que a interpretação de papéis é um modo eficaz de preparação de um *feedback* problemático. Efetue este exercício com um amigo: comece por experimentar diferentes abordagens. Depois peça-lhe que lhe dê o mesmo *feedback*, cabendo-lhe a si o papel de destinatário. Aprenderá com a abordagem do seu colega e verá a conversa do ponto de vista do seu empregado. Este exercício ajudá-lo-á a afinar a sua prestação e a sentir-se mais descontraído na conversa verdadeira.

- **Peça *feedback* para si.** Ao pedir aos empregados que lhe deem *feedback* sobre a sua eficácia como líder e gestor, beneficiará de três maneiras: obterá informação valiosa; perceberá como é estar do outro lado; e a sua disponibilidade para ouvir reforçará o seu *feedback*. Se sentir que os seus empregados têm relutância em dar-lho, peça-lhes que o ajudem a atingir certos objetivos específicos, tais como ser mais conciso ou interromper com menos frequência. Ao reconhecer as suas próprias áreas a melhorar tornar-lhes-á mais fácil falar.

Quando dar *feedback*

À MEDIDA QUE FORMOS PRATICANDO o *feedback* a outros, aprenderemos quando é que um determinado comportamento justifica um *feedback* imediato. Aqui estão, entretanto, algumas sugestões sobre quando é oportuno uma reunião com o empregado – e quando deve evitá-la.

Oferecer *feedback* pode ter a máxima utilidade nos seguintes casos:

- Quando um bom trabalho, projetos bem-sucedidos e um comportamento inventivo merecem ser reconhecidos.
- Quando a probabilidade de melhorar aptidões é alta porque está iminente a oportunidade de as usar outra vez.
- Quando a pessoa já está à espera de *feedback*, seja porque foi marcada antecipadamente uma reunião, seja porque sabe que o seu comportamento foi observado.
- Quando um problema não pode ser ignorado porque o comportamento da pessoa está a afetar negativamente um colega, a equipa ou a organização.

Noutros casos, o *feedback* pode ser prejudicial. É de evitar dá-lo nas seguintes circunstâncias:

- Quando não se tem toda a informação sobre um dado incidente.
- Quando o único *feedback* que se pode oferecer se refere a fatores que o destinatário não consegue facilmente mudar ou controlar.
- Quando a pessoa que precisa de *feedback* aparenta estar altamente emotiva ou especialmente vulnerável depois de um episódio difícil.
- Quando não tem tempo ou paciência para dar o *feedback* de um modo calmo e exaustivo.
- Quando o *feedback* assenta numa preferência pessoal e não na necessidade de um comportamento mais eficaz.
- Quando ainda não está formulada uma possível solução que ajude o destinatário a seguir em frente.

Deve ter-se presente que, quando se dá frequentemente *feedback* positivo, o negativo, quando justificado, parecerá mais credível e menos ameaçador. Manifestar-se apenas quando surgem problemas pode levar as pessoas a vê-lo como pouco grato ou mesquinho.

Adaptado de *Giving Effective Feedback* (20-Minute Manager series), Harvard Business Review Press, 2014.

Ed Batista é *coach* de direção e instrutor na Escola Superior de Gestão de Stanford. Escreve regularmente sobre questões relacionadas com *coaching* e desenvolvimento profissional em www.edbatista.com e está, neste momento, a escrever um livro sobre auto-*coaching* para a editora Harvard Business Review Press.

Capítulo 4
A melhor maneira
de dar más notícias

por Jean-François Manzoni

SÚMULA DO ARTIGO COMPLETO DA HBR da autoria de Jean-François Manzoni, realçando as ideias-chave.

EM RESUMO

Chegou o tão temido momento: o de dar *feedback* negativo a um empregado. A despeito dos nossos melhores esforços, a conversa é um desastre: as emoções afloram, o subordinado torna-se defensivo, a relação fica tensa.

Que aconteceu? Como a maior parte dos gestores, sabotámos inadvertidamente a reunião – preparando-nos para ela de uma maneira que impossibilitou uma discussão franca e nos impediu de dar um *feedback* eficaz.

Por outras palavras, adotámos provavelmente um enquadramento restritivo – uma abordagem do *feedback estreita*, *binária* e *rígida*: iniciámos a conversa sem considerar explicações alternativas para o comportamento problemático, assumindo que o resultado é ganhar-ou-perder e mantendo rigidamente essa presunção durante a conversa.

Dar um *feedback* corretivo não tem de ser tão difícil – se usarmos uma abordagem mais aberta e flexível que convença os empregados de que o processo é justo.

NA PRÁTICA

Enquadramento restritivo

Ao preparar uma sessão de *feedback,* podemos começar por pensar nos acontecimentos relevantes, decidir que informação discutir e definir uma solução – tudo isto *antes* da conversa. Semelhante enquadramento é sarilho garantido.

> *Exemplo*: Liam, vice-presidente, ouve queixas de que Jeremy, gestor de produto, não está a delegar o suficiente. O enquadramento de Liam – «Jeremy é demasiado controlador» – é *estreito* (Liam exclui outras possibilidades: Jeremy quer delegar mais, mas não sabe como) e *binário* (assume que Jeremy tem de delegar nos seus subordinados ou então estes vão-se embora e ele rebenta). Durante a conversa, o enquadramento de Liam é *congelado* (não ouve nem responde às objeções de Jeremy). Resultado? Nem Liam nem Jeremy aprendem o que quer que seja com a reunião.

Dois preconceitos

Porque enquadramos o *feedback* estreitamente – apesar de serem previsíveis os maus resultados?

Dois preconceitos marcam o processo de *feedback.*

Quanto mais stressados estivermos, mais poderosamente se afirmam:

- **O erro fundamental da atribuição.** Atribuímos muitas vezes os problemas ao caráter do empregado. («Jeremy é demasiado controlador») em vez pensarmos nas circunstâncias (p. ex., talvez Jeremy *esteja* a delegar, mas os seus subordinados tenham uma agenda própria). Demasiado ocupados com identificar todas as potenciais causas e soluções de um problema, agarramo-nos à primeira aceitável que aparece.

- **O efeito de falso consenso.** Presumimos que os outros veem as situações como nós e não revemos o nosso enquadramento durante as sessões de *feedback*.

Reenquadrar o *feedback*

Para evitar a armadilha do *feedback* restritivo, devemos estar atentos a estes preconceitos. Considerar explicações alternativas para os problemas em vez de fazer juízos precipitados.

> *Exemplo:* Liam formula abertamente as suas dúvidas sobre Jeremy: «Ouvi queixas de que o Jeremy não está a delegar e que alguns dos seus subordinados se sentem tão frustrados que tenho medo de que comecem a ir-se embora. Gostava de descobrir se o Jeremy sabe destas queixas e conhecer o seu ponto de vista.»

Este enquadramento não é *estreito* (Liam não fez juízos precipitados sobre as causas do problema) ou *binário* (evita um resultado ganhar-ou-perder).

Visto que Liam evita um resultado preconcebido, não tem nada em que *congelar*. Inicia a conversa abertamente: «Não sei se tem conhecimento disto – ou se é verdade –, mas ouvi dizer que o

Frank e a Joan estão ansiosos por assumir mais responsabilidades. Que acha?»

Porque funciona um enquadramento aberto

Um enquadramento aberto mostra que temos boas intenções, que o *desenvolvimento* do processo de *feedback* foi justo (coligimos toda a informação relevante) e que o ato de *comunicação* foi justo (ouvimos e respeitamos os empregados).

Quando estes últimos sentem que estão a ter um *feedback* justo aceitam-no de bom grado – e esforçam-se por melhorar o seu desempenho.

Dar *feedback* aos nossos empregados, em especial quando o seu desempenho fica abaixo das expetativas, é um dos papéis mais críticos que um gestor desempenha. Para a maior parte das pessoas é também um dos mais abominados. Tais conversas podem ser muito desagradáveis – as emoções tornam-se intensas, o mau génio aflora. E, portanto, temendo que o empregado se torne defensivo e que a conversa sirva apenas para piorar a relação, o chefe muitas vezes sabota a reunião preparando-a de uma maneira que impede uma discussão franca. Isto é um hábito involuntário – inconsciente, até –, um subproduto da tensão, que dificulta o bom *feedback* corretivo.

Eis as boas notícias: estas conversas não têm de ser tão difíceis. Mudar a atitude com a qual desenvolvemos e damos *feedback* negativo pode aumentar grandemente a probabilidade de que o processo seja bem-sucedido – de que tenhamos conversas produtivas, de que não danifiquemos as relações e de que os nossos empregados experimentem melhorias reais no seu desempenho. Nas páginas que se seguem, vou descrever o que corre mal durante essas reuniões e porquê. Vou observar em pormenor o desenrolar de conversas da vida real e revelar o que os gestores poderiam ter feito diferentemente para alcançar resultados mais satisfatórios. Num primeiro passo, contemplemos a maneira como os chefes preparam o *feedback* – isto é, a maneira como enquadram as questões nas suas próprias cabeças na perspetiva de uma destas discussões.

Enquadrar o *feedback*

Num mundo ideal, um subordinado aceitaria *feedback* corretivo com espírito de abertura. Ele ou ela formularia uns quantos pedidos de esclarecimento, prometeria trabalhar nas questões levantadas e mostraria sinais de melhoria com a passagem do tempo. Mas as coisas nem sempre correm desta maneira.

Consideremos o seguinte exemplo. Liam, vice-presidente numa empresa de produtos de consumo, ouviu algumas queixas a respeito de um gestor de produto, Jeremy. (Os nomes e outra informação relativa aos casos mencionados neste artigo foram alterados.) Jeremy tem sempre apresentado bom trabalho a tempo e horas, mas vários dos seus subordinados têm resmungado sobre a sua relutância em delegar. Acham que os seus contributos não são valorizados e que não têm tido oportunidade de aprender e crescer. O que é mais, Liam temia que as perspetivas de carreira do próprio Jeremy ficassem limitadas se a sua concentração nos pormenores laborais do quotidiano dos seus subordinados o impedisse de acometer projetos mais estratégicos. Na qualidade de chefe, Liam sentia-se responsável por dar conhecimento a Jeremy das suas preocupações. Eis como se desenrolou a conversa:

Liam: Gostava de conversar consigo sobre o seu trabalho. Está a fazer um trabalho excelente e nós damos realmente valor ao seu contributo. Mas acho que faz demasiadas coisas. Tem gente ótima a trabalhar consigo; porque não delega um pouco mais?

Jeremy: Não estou a perceber. Eu delego quando acho apropriado. Mas muita gente nesta empresa depende da qualidade do trabalho que sai do meu departamento, de modo que preciso de me manter envolvido.

Liam: Sim, e todos nós apreciamos a sua atenção ao detalhe. Mas o seu trabalho como gestor é ajudar a sua equipa a crescer para que os elementos desempenhem novos papéis e assumam mais responsabilidades. Ao mesmo tempo, está tão centrado nos pormenores que não tem disponibilidade para pensar no quadro mais amplo, sobre o rumo que está a dar a este produto.
Jeremy: Isso não é verdade. Estou sempre a pensar no futuro.
Liam: Estou só a dizer que teria mais tempo para pensar em termos estratégicos se não estivesse tão enfronhado nas coisas do dia a dia.
Jeremy: Está a dizer-me que não tenho pensamento estratégico?
Liam: Está tão ocupado a pôr os pontos todos nos is que não faço ideia de qual o género de pensamento de que é capaz!

Este tipo de diálogo é surpreendentemente vulgar. Cada parte insiste no seu ponto de vista em moldes cada vez mais agressivos, e a conversa entra numa escalada até que diferenças menores se tornam muito mais dramáticas. (Para uma representação visual de uma discussão que se deteriora, ver a caixa «Guião de uma escalada».) É frequente que, tal como Liam na conversa precedente, uma ou outra das pessoas diga involuntariamente alguma coisa excessivamente crítica. É claro que pode não se chegar a esse ponto – qualquer das partes, ou ambas, pode preferir recuar a discutir. De qualquer maneira, haja escalada ou recuo, o subordinado provavelmente não aceitou as notícias que o chefe lhe queria dar. Os gestores tendem a atribuir essa não-aceitação ao orgulho ou à posição defensiva do empregado. Com efeito, não é raro que as pessoas se sintam defensivas quanto ao seu trabalho ou, já agora, que tenham uma opinião inflacionada acerca do seu desempenho e capacidades. Mas as mais das vezes o chefe também tem culpas no cartório. Vejamos porquê.

Sempre que enfrentamos uma decisão ou situação, enquadramo-la, conscientemente ou não. Na versão mais simples, um enquadramento é a imagem da situação que o decisor tem – ou seja, a maneira como ele ou ela vê as circunstâncias e elementos que rodeiam a decisão. O enquadramento define as fronteiras e as dimensões da decisão ou da situação – por exemplo, quais as questões a considerar, que componentes estão dentro dela e quais fora, como serão os vários pedaços de informação pesados, como pode o problema ser resolvido ou um resultado positivo determinado, e assim por diante. Os gestores tendem a enquadrar situações e decisões difíceis de um modo *estreito* (não são incluídas ou sequer consideradas alternativas) e *binário* (só há dois resultados possíveis – ganhar ou perder). Depois, durante a reunião de *feedback*, o seu enquadramento permanece *congelado* – imutável, seja qual for o rumo que a conversa tome.

Na perspetiva da conversa com Jeremy, por exemplo, Liam meteu na cabeça que o problema consistia no seguinte: «O Jeremy é demasiado controlador.» É um enquadramento estreito porque exclui muitas explicações alternativas – por exemplo: «O Jeremy gostaria realmente de delegar alguma responsabilidade, mas não sabe como e embaraça-o reconhecê-lo.» Ou: «O Jeremy está de facto a delegar tanto quanto lhe é possível, tendo em conta os atuais níveis de competência dos seus subordinados; estão frustrados, mas na verdade não podem fazer mais do que fazem.» Ou talvez: «O Jeremy está a delegar bastante, mas o Frank e a Joan têm uma outra agenda.» Liam pode estar a piorar as coisas sem ter consciência disso ao enviar a Jeremy mensagens ambíguas: «Dê poder aos seus subordinados, mas não cometa erros.» Não sabemos ao certo; Liam também não.

Operando na base desta visão estreita, Liam abordou a conversa, além disso, com um enquadramento binário que deixa ambas as partes com muito pouco espaço de manobra: «O Jeremy tem de aprender a delegar ou perdemos o Frank e a Joan – e entretanto ele vai-se queimar.» Em último lugar, mas não menos importante, o enquadramento de Liam manteve-se congelado durante todo o diálogo apesar dos diversos sinais de que Jeremy não estava a aceitar o *feedback*. Em nenhum momento esteve Liam a processar, muito menos a considerar, as objeções de Jeremy. Não admira que a reunião tenha corrido mal.

Guião de uma escalada

VEJAM A RAPIDEZ COM QUE UMA DISCORDÂNCIA menor durante uma reunião de *feedback* se pode tornar um grande desacordo. Jerry começa a conversa assinalando que fez um belo trabalho no seu projeto. Beth, sua chefe, não está totalmente em desacordo com a avaliação e reconhece que «não foi mau». Jerry poderia ter reafirmado a sua nota de abertura, mas, em vez disso, tenta aproximar a opinião de Beth da sua, exagerando o seu ponto inicial. Beth discorda da afirmação inflacionada de Jerry e, em vez de reiterar o seu primeiro comentário, cede à tentação de procurar que Jerry se aproxime do seu ponto de vista. Ambos tomam posições cada vez mais categóricas, tentando convencer-se mutuamente, e uma pequena divergência depressa se transforma num ponto importante de discórdia.

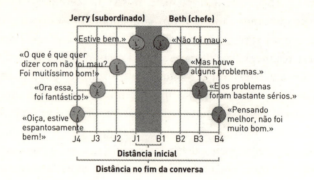

Os perigos de entrar de mansinho

Depois de terem tido algumas más experiências com um *feedback* formulado estreitamente, os gestores tendem e remeter-se à sabedoria convencional de que é melhor amenizar as más notícias com notícias boas.

Tentam evitar confrontos desconfortáveis usando uma abordagem indireta: formam a sua visão da questão e depois tentam ajudar os empregados a chegar à mesma conclusão, fazendo-lhes um conjunto de perguntas cuidadosamente elaboradas.

A primeira vista, este tipo de «entrada de mansinho» parece mais aberto e mais justo do que a abordagem direta que Liam adotou, visto que o gestor está a envolver o subordinado numa conversa, por muito planeada que seja. Mas, tal como a abordagem direta, entrar de mansinho reflete um enquadramento estreito e binário, que, por norma, permanece congelado durante todo o processo. Acontece mesmo que o gestor não precisaria de «entrar de mansinho» se estivesse a abordar a conversa com um espírito verdadeiramente aberto. Entrar de mansinho acarreta um risco adicional: o empregado pode não nos dar as respostas de que estamos à procura.

Por exemplo, Alex, diretor de uma farmacêutica, tinha algumas notícias difíceis a comunicar a um dos seus subordinados, Erin. Ela era um quadro médio da empresa e fazia um excelente trabalho na condução do seu departamento, mas não estava a dar um contributo satisfatório num grupo de trabalho a que Alex presidia e que envolvia gente de toda a empresa. Erin mantinha-se silenciosa durante as reuniões, o que levou Alex a concluir que estava demasiado ocupada para participar totalmente e tinha pouco a oferecer ao grupo. Solução de Alex? Tirá-la do comité de trabalho de modo a que se concentrasse nas suas responsabilidades primárias.

Porém, visto que suspeitava de que Erin se sentiria magoada ou insultada caso lhe sugerisse essa saída, Alex esperava incitá-la a demitir-se do comité fazendo-lhe uma série de perguntas que a levariam a ver que estava demasiado ocupada para lá continuar. Vejamos o que aconteceu.

Alex: Não sente, às vezes, que está a perder o seu tempo nas reuniões do grupo de trabalho?

Erin: Não, aprendo muito nas reuniões – e a ver como as dirige.

Alex: Mas não acha que está preocupada com o seu trabalho diário quando está nas reuniões do comité?

Erin: Não, a sério. Espero não lhe ter dado a impressão de que não estou totalmente empenhada. Penso que é um trabalho importante e entusiasma-me fazer parte dele e julgo ter algumas boas ideias a propor.

Alex: E que tal se pudesse participar mais informalmente? Poderia retirar-se do grupo como membro permanente, mas continuar a receber a ordem de trabalhos e as atas e dar o seu contributo quando for requerida a sua área de especialização.

Erin: Dá-me ideia de que me quer fora do comité. Porquê? Penso que o trabalho do comité não tem prejudicado o meu empenho nas funções usuais. Estou a cumprir os objetivos. Além disso, é uma oportunidade para eu aprender.

Alex: Não, não, só quero assegurar-me de que é uma coisa que deseja mesmo fazer.

Erin: É.

Como podem ver, Erin não alinhou. Alex não estava preparado para um confronto, de modo que desistiu – e perdeu. Não se viu livre de Erin no comité nem lhe transmitiu a sua opinião de que o trabalho dela no grupo era insatisfatório, não tendo, portanto, maneira de a ajudar a melhorar o seu desempenho. E o que é mais, introduziu um elemento de tensão na relação entre os dois: é provável que Erin tenha ficado perturbada com o diálogo, dado que Alex insinuou um certo nível de insatisfação com o desempenho dela sem lho dizer ao certo.

Como no exemplo anterior, o enquadramento que Alex deu à questão foi estreito: «A Erin não fala nas reuniões, provavelmente porque está sobrecarregada de trabalho, de modo que para ela o comité é uma perda de tempo.» Foi também binário: o diálogo só poderia ser um êxito se Erin concordasse em deixar o comité sem perder a motivação para o seu trabalho normal. E este enquadramento permaneceu congelado porque Alex estava concentrado em fazer as perguntas «certas» e não conseguia processar senão as respostas «certas».

Entretanto, Erin poderia beneficiar realmente de estar no comité mesmo que não dissesse grande coisa. Aprende muito e dá-lhe visibilidade. Se ela arranjar maneira de dar um maior contributo, o comité pode ficar a ganhar com a sua participação como membro. Porém, ao equacionar a questão como o fez, Alex excluiu outras soluções possíveis, qualquer das quais poderia ter sido mais produtiva para todos os interessados: talvez Erin interviesse mais nas reuniões se Alex investigasse as razões por detrás do seu silêncio e a ajudasse a encontrar uma maneira de prestar o que poderiam ser valiosos contributos. E, se a sobrecarga de trabalho fosse o que estava de facto em causa, talvez houvesse obrigações de que Erin poderia abdicar para ter mais tempo e energia disponíveis.

Entrar de mansinho é um risco. Podemos ter sorte, mas só temos metade das cartas. O nosso subordinado pode não nos dar as respostas que procuramos, como vimos no caso de Erin, seja porque genuinamente não concorda, seja porque vê que o jogo está viciado e se recusa a alinhar. Pode também decidir deixar de resistir e fazer de conta que alinha, sem, contudo, acreditar no *feedback*. Há outro risco, independentemente de como acabe a conversa: o empregado pode perder para sempre a confiança no seu chefe, homem ou mulher. Erin poderá ficar a matutar no que terá Alex na manga, já que o apanhou uma vez numa mentira.

Foi isso mesmo que aconteceu a Mark, diretor de *marketing* de uma grande empresa de consultoria. O seu chefe, René, tinha convocado uma reunião para discutir o seu papel, e Mark saiu dela, tendo renunciado ao controlo do seu projeto preferido, desenvolver e pôr em prática a primeira campanha de publicidade da empresa. René fizera-lhe uma série de perguntas aparentemente inócuas, tais como «Não acha que as intermináveis reuniões com diferentes agências são uma perda de tempo?» ou «Não lhe parece que o seu tempo seria mais bem empregue a desenvolver materiais de comunicação?» Mark acabou por aceitar aquela que era claramente a conclusão «certa» do ponto de vista do chefe — desistir do projeto —, embora quisesse continuar com ele. Pior, não sabia por que razão René o queria fora, de modo que perdeu essa oportunidade de aprender alguma coisa. A sua relação com o chefe está agora maculada; Mark já não pode levar à letra os comentários de René.

Porque é tão difícil?

É muito claro, à distância, o que correu mal a Liam e a Alex. Hoje em dia, a maior parte dos gestores encontra-se bem preparada e é bem-intencionada; porque não serão capazes de ver os erros que estão a cometer? A tendência para equacionar as situações ameaçadoras em termos estreitos pode ser atribuída a uma combinação de vários fenómenos.

Primeiro, a investigação mostra que as pessoas, na sua maioria, ao analisarem o comportamento dos outros tendem a sobrestimar o efeito das caraterísticas estáveis de cada qual – as suas capacidades e caráter – e a subestimar o impacto das condições específicas em que essa pessoa está a agir. Assim, por exemplo, um gestor atribuirá os problemas de desempenho de um subordinado ao caráter dele ou dela em vez de o atribuir às circunstâncias do local de trabalho, o que leva a interpretações bastante simplistas. Este fenómeno é conhecido por *erro fundamental de atribuição*.

Em segundo lugar, as pessoas tendem a cometer o erro fundamental de atribuição quando operam em condições exigentes. É mais fácil distinguir o impacto de forças situacionais quando temos tempo e energia de sobra do que quando a nossa atenção está sujeita a múltiplas exigências. Infelizmente, os gestores tendem a estar muito ocupados. Enfrentando enormes cargas de trabalho e prazos apertados, têm um tempo e uma atenção limitados para se entregarem a análises exaustivas de todas as potenciais causas das situações que observam ou das muitas soluções possíveis para um dado problema, de modo que se conformam com a primeira explicação aceitável. «O Jeremy é demasiado controlador» explicava todos os sintomas; portanto, Liam não foi mais longe.

A investigação também nos dá alguma perceção das razões pelas quais os chefes tendem a enquadrar as coisas de modo binário. O trabalho ao longo de quase cinco décadas do professor da Harvard Business School Chris Argyris estabeleceu, por exemplo, que em circunstâncias de *stress* as pessoas se comportam de maneiras previsíveis. Articulam o seu comportamento, muitas vezes inconscientemente, para obter o controlo de uma situação e ganhar, o que significa, infelizmente, que o outro lado tem de perder. É um enquadramento binário.

E porque será tão difícil para os chefes rever a meio caminho o seu enquadramento restritivo? Por várias poderosas razões.

Antes de mais, não se propõem enquadrar as situações de modo restritivo; na maior parte dos casos, fazem-no inconscientemente, e é difícil questionar um constrangimento que não sabemos que estamos a autoimpor-nos. Em segundo lugar, os seres humanos tendem a assumir que outras pessoas razoáveis verão a situação da mesma maneira que eles. É aquilo a que se chama o *efeito de falso consenso*. O nosso enquadramento da questão representa a nossa visão da realidade, os factos tal qual os vemos. Somos gente razoável e competente: porque é que outros verão a situação diferentemente?

Os chefes podem ultrapassar estas barreiras reconhecendo-as e tornando-se mais conscientes e cuidadosos quando formatam as suas decisões. Mas depois têm de vencer outra causa de congelação do enquadramento: um processador ocupado. Liam, por exemplo, vai ficando cada vez mais stressado à medida que Jeremy recusa a sua versão dos factos, e ambos dedicam tanta energia a tentar controlar a sua crescente irritação que lhes restam poucos recursos para ouvir, processar e reagir construtivamente.

Reenquadrar o *feedback*

Sejamos claros: não estou a sugerir que os chefes diagnostiquem mal sistematicamente as causas dos problemas de desempenho dos seus subordinados. Os diagnósticos iniciais de Liam e Alex poderiam estar certos. Mesmo que as suas sessões de *feedback* tivessem sido mais produtivas, os seus subordinados poderiam não ter sido capazes de melhorar o respetivo desempenho a ponto de ir ao encontro das expetativas dos chefes. Mas é quase certo que Jeremy e Erin não melhorarão os seus desempenhos se não perceberem e aceitarem o *feedback*. O enquadramento restritivo não só torna estas sessões mais tensas do que o necessário, como também aumenta a probabilidade de os subordinados não acreditarem no que dizem os seus chefes. É de facto mais provável que os primeiros aceitem e acatem o *feedback* dos segundos se sentirem que este é desenvolvido e comunicado com justiça. (Ver a caixa «Tornar o *feedback* mais aceitável».)

Assim, por exemplo, imaginem como poderia ter corrido diferentemente a conversa entre Liam e Jeremy se o chefe tivesse enquadrado as suas preocupações de forma mais ampla: «Tenho ouvido queixas de que o Jeremy não está a delegar – e alguns dos seus empregados estão a sentir-se frustrados a ponto de eu temer que comecemos a perdê-los. Gostava de descobrir se o Jeremy tem conhecimento dessas queixas e saber o seu ponto de vista sobre a situação.»

Este quadro não é estreito. Liam não chegou a nenhuma conclusão no respeitante aos motivos pelos quais Jeremy não delega ou, até, se se recusa ou não a delegar. Nem é binário. Liam não fixou um resultado de ganhar-ou-perder. E porque não entrou na conversa com um resultado preconcebido na cabeça não tem nada em que ficar *congelado*. Ora bem, pode iniciar a conversa de forma muito mais aberta. Poderia dizer, por exemplo: «Jeremy, não sei se está ao corrente disto – ou se é verdade ou não –, mas constou-me que o Frank e a Joan andam ansiosos por assumir um bocadinho mais de responsabilidade. Que acha?»

Isto pode levar a uma discussão sobre as capacidades de Frank e de Joan, bem como o papel e aspirações do próprio Jeremy, sem apresar este último e Liam num teste de vontades.

Quanto a Alex, em lugar de ter abordado a reunião com o objetivo de tirar Erin do grupo de trabalho com o mínimo de danos, poderia ter enquadrado a interação de forma mais ampla: «Tenho uma grande subordinada que não diz muito no comité. Vamos sentar-nos e conversar sobre o trabalho dela, o comité, os seus planos de carreira e perceber se participar neste grupo de discussão encaixa nesses planos.» Dado que semelhante enquadramento não está fixado num resultado de ganhar ou perder, Alex teria sentido menos necessidade de controlar a discussão, ficando menos compelido a entrar de mansinho.

Tornar o *feedback* mais aceitável

ESTUDOS MOSTRAM QUE AS PESSOAS tendem a estar mais dispostas a aceitar *feedback* quando têm a sensação de que:

- Quem o dá é de confiança e tem boas intenções.
- O desenvolvimento do *feedback* é justo – ou seja, que quem o dá coligiu toda a informação relevante, permite que o subordinado esclareça e explique as questões; tem em conta as opiniões do subordinado; e aplica critérios coerentes quando faz críticas.
- O processo de comunicação do *feedback* é justo – ou seja, quem o dá presta uma cuidadosa atenção às ideias do subordinado; mostra respeito por ele; e apoia-o apesar das discordâncias.

Esta curta lista põe em evidência o impacto negativo de abordar uma conversa de *feedback* com um enquadramento restritivo. Na verdade, este último dá ao empregado a sensação de que o *feedback* não foi elaborado com justiça. E um chefe constrangido por um enquadramento binário e congelado é visto como parcial, obtuso e indiferente – garantindo que o subordinado sinta que o *feedback* não foi comunicado de forma justa.

Embora os gestores sejam capazes, na sua maioria, de ver com facilidade onde erraram quando lhes é mostrado como elaboraram e apresentaram o seu *feedback*, o enquadramento restritivo permanece um problema surpreendentemente persistente, mesmo para gestores experientes, exímios noutros aspetos da liderança. Mas dar *feedback* não tem de ser stressante para nós, desmoralizador para os nossos empregados ou prejudicial para as nossas relações profissionais.

Apresentar uma crítica mais eficaz requer que aprendamos a reconhecer os preconceitos que marcam o desenvolvimento do *feedback*. Há que dispensar o tempo necessário para considerar explicações alternativas para os comportamentos que observámos em vez de saltar para conclusões precipitadas que só servem para nos meter, a nós e aos nossos subordinados, em becos sem saída. Precisamos de levar em linha de conta as circunstâncias em que trabalha o empregado em vez de atribuir uma fraca prestação ao seu caráter.

Em suma, importa uma abordagem ampla e flexível, uma abordagem que convença os nossos empregados de que o processo é justo e de que estamos dispostos a uma conversa sincera.

Reproduzido da *Harvard Business Review,* setembro de 2002.

Jean-François Manzoni é professor de Prática da Gestão e da cátedra Shell de Recursos Humanos e Desenvolvimento Organizacional no INSEAD (em Singapura). É coautor, com Jean-Louis Barsoux de *The Set-Up-to-Fail Syndrome: How Good Managers Cause Great People to Fail* (Harvard Business School Press, 2002).

Capítulo 5
Síndrome do fracasso programado

por Jean-François Manzoni e Jean-Louis Barsoux

SÚMULA DO ARTIGO COMPLETO DA HBR, da autoria de Jean-François Manzoni e Jean-Louis Barsoux, realçando as ideias-chave.

EM RESUMO

O raio do homem (ou da mulher)! O seu desempenho não faz senão piorar – *apesar* de o seguirmos de perto. Que se está a passar?

Prepare-se: pode ser culpa sua, ao desencadear inadvertidamente a síndrome do fracasso programado. Os empregados que nós (talvez falsamente) vemos como colaboradores fracos respondem às nossas *baixas* expetativas. Eis como:

1. Começa-se com uma relação positiva.
2. Uma coisa qualquer – um prazo incumprido, um cliente perdido – faz-nos questionar o desempenho do empregado. Começamos a microgeri-lo.

52 O *FEEDBACK* CONTÍNUO

3. Suspeitando da nossa perda de confiança, o empregado começa a duvidar *de si mesmo*. Deixa de dar o seu melhor, reage mecanicamente a todos os nossos controlos e evita tomar decisões.
4. Vemos o seu novo comportamento como prova adicional de mediocridade – e apertamos a supervisão ainda mais.

Porque não simplesmente despedi-lo? Porque é provável que repitamos este padrão com outros. Mais vale, em lugar disso, *inverter* a dinâmica. Desenroscar a espiral do fracasso programado dá mesmo grandes dividendos: a nossa empresa obtém o melhor dos seus empregados – e de nós.

NA PRÁTICA

Como começa o fracasso programado

Um gestor classifica os empregados «sim» ou «não» com base:

- Nas *perceções* iniciais da motivação, iniciativa, criatividade, perspetivas estratégicas do empregado.
- Nas impressões do chefe anterior.
- Num azar inicial.
- Na incompatibilidade chefe–subordinado.

O gestor começa depois a reparar *apenas* no que confirma a sua classificação, desvalorizando ao mesmo tempo todas as provas em contrário. Além disso, trata os dois grupos de forma diferente:

- O grupo do «sim» recebe autonomia, *feedback* e expressões de confiança.
- Os membros do grupo «não» são alvo de regras que sublinham o controlo formal da gestão.

Os custos do «fracasso programado»

Esta síndrome prejudica toda a gente:

- Os *empregados* deixam de dar ideias e informação, assim como de pedir ajuda, evitando o contacto com os chefes ou tornando-se defensivos.
- A *organização* não obtém o máximo dos empregados.
- O *chefe* perde energia para acudir a outras atividades. A sua reputação sofre na medida em que os outros empregados o acham injusto.
- O *espírito de equipa* esmorece, na medida em que os visados são alienados e os mais capazes sobrecarregados.

Como dar a volta ao fracasso programado

Se a síndrome ainda não se manifestou, previna-a:

- Estabeleça desde logo quais as suas expetativas junto dos novos empregados. Afrouxe as rédeas à medida que estes vão dominando as suas tarefas.
- Questione regularmente as suas convicções. Pergunte a si mesmo: «Quais são os *factos* no referente ao desempenho deste empregado?» «É assim tão mau?»
- Transmita abertura, deixando que os empregados ponham em causa as suas opiniões. Eles sentir-se-ão confortáveis em discutir desempenho e relação consigo.

Se a síndrome já se manifestou, discuta a dinâmica com o empregado:

1. Escolha um lugar neutro que não seja intimidatório, use linguagem afirmativa («Vamos discutir a nossa relação e os nossos papéis») e reconheça a sua parte nessa tensão.

2. Concorde nos pontos fracos e fortes do empregado. Fundamente a sua apreciação em factos, não em sentimentos.
3. Desenterre as causas dos pontos fracos. Discordam sobre as prioridades? Faltam ao seu empregado conhecimentos ou aptidões específicas? Pergunte: «Como é que o meu comportamento está dificultar-lhe a vida?»
4. Identifique maneiras de estimular o desempenho. Formação? Novas experiências? Decida a quantidade e o tipo de supervisão que será providenciado. Afirme o seu desejo de melhorar as coisas.
5. Acorde comunicar mais abertamente. «Da próxima vez que eu faça alguma coisa que lhe dê a impressão de uma baixa expetativa, diga-mo imediatamente.»

Quando um empregado falha – ou tem apenas um desempenho fraco – é típico dos gestores não se culparem a si. O empregado não percebe do trabalho, poderá sustentar um gestor. Ou, tem falta de ambição, não sabe estabelecer prioridades ou não aceita instruções. Seja qual for a razão, assume-se que o problema é culpa do empregado – e a responsabilidade também.

Mas será? Por vezes, claro, a resposta é sim. Alguns empregados não estão à altura dos desafios que lhes foram atribuídos e nunca o estarão, por falta de conhecimentos, de aptidão ou de simples vontade.

Mas, por vezes – e aventurar-nos-íamos a dizer, com frequência –, a culpa do fraco desempenho de um empregado pode ser em larga medida atribuída ao chefe.

Talvez «culpa» seja uma palavra forte de mais, mas leva na direção certa. Na verdade, a nossa investigação sugere que os chefes – mesmo que acidentalmente e por norma com as melhores intenções – são muitas vezes cúmplices na falta de êxito de um empregado. (Ver a caixa «Sobre a investigação».) Como? Ao criarem e reforçarem uma dinâmica que coloca os que são vistos como mais fracos em posição de falharem. Se o chamado Efeito Pigmalião descreve uma dinâmica na qual um indivíduo se alça ao nível das grandes esperanças, a síndrome do fracasso programado explica o oposto. Descreve uma dinâmica em que os empregados vistos como medíocres ou fracos descem ao nível das baixas expetativas que os seus chefes têm deles. O resultado é que muitas vezes acabam por deixar a organização – quer por sua própria iniciativa, quer não.

Sobre a investigação

Este artigo é baseado em dois estudos desenhados para compreender melhor a relação causal entre o estilo de liderança e o desempenho dos subordinados – por outras palavras, para explorar o modo como chefes e subordinados influenciam reciprocamente o comportamento uns dos outros. O primeiro estudo, que compreendeu inquéritos, entrevistas e observações, abrangeu 50 parelhas de chefes-subordinados em quatro estabelecimentos industriais de empresas das *Fortune* 100. O segundo estudo, envolvendo um inquérito informal a cerca de 850 altos executivos que frequentaram os programas de Desenvolvimento de Direção do INSEAD ao longo dos últimos três anos, foi feito para testar e refinar as conclusões geradas pelo primeiro estudo. Os executivos do segundo estudo representavam uma ampla diversidade de nacionalidades, indústrias e antecedentes pessoais.

É costume a síndrome começar sub-repticiamente. O impulso inicial pode estar relacionado com o desempenho, como, por exemplo, quando um empregado perde um cliente, fica abaixo dos objetivos ou falha um prazo. Muitas vezes, no entanto, o detonador é menos específico. Um empregado transferido de outro departamento vem com uma recomendação morna do anterior chefe. Ou, talvez, chefe e empregado realmente não se entendam bem em termos pessoais – vários estudos têm mostrado, na verdade, que a compatibilidade entre chefe e subordinado, baseada numa semelhança de atitudes, valores e caraterísticas sociais, pode ter um impacto significativo nas impressões de um chefe. Em qualquer caso, a síndrome é acionada quando este último começa a suspeitar de que o desempenho do empregado não está à altura.

O chefe toma então a medida óbvia à luz dessa sua perceção das deficiências do subordinado: aumenta o tempo e a atenção que lhe dedica. Determina que o empregado lhe peça aprovação antes de tomar decisões, pede para ver mais papéis que as documentem ou observa mais de perto o empregado nas reuniões, criticado de forma mais intensa os seus comentários.

Estas ações pretendem estimular o desempenho do empregado e evitar que cometa erros. Infelizmente, porém, os subordinados interpretam o aumento de supervisão como falta de confiança em todos os sentidos. A seu tempo, devido às baixas expetativas, começam a duvidar de si e das suas capacidades, perdendo a motivação para tomar decisões autónomas ou mesmo para qualquer iniciativa. O chefe, calculam, porá em causa tudo o que fizerem – ou, de qualquer maneira, encarregar-se-á de o fazer ele mesmo.

Ironicamente, o chefe vê no retraimento do subordinado a prova de que o seu desempenho é de facto de fraca qualidade. O subordinado, no fim de contas, não está a dar à organização o contributo das suas ideias e da sua energia. Portanto, que faz o chefe? Aumenta de novo a pressão e supervisão – vigiando, questionando e verificando tudo o que o subordinado faz. Este acaba por desistir dos seus sonhos de prestar um contributo relevante. É típico que chefe e subordinado se instalem numa rotina insatisfatória, mas, fora choques periódicos, suportável para ambos. No pior dos casos, a intensa intervenção e escrutínio acabam por paralisar o empregado até à inação e consomem uma parte tão grande do tempo do chefe que o empregado se despede ou é despedido.

Talvez o aspeto mais desanimador da síndrome do fracasso programado seja o de que é uma profecia que se realiza e reforça a si mesma – a quinta essência do círculo vicioso. O processo realiza-se a si mesmo porque as ações do chefe contribuem para o próprio comportamento que se espera dos colaboradores fracos. Reforça-se a si mesmo porque as baixas expetativas do chefe, sendo correspondidas pelos seus subordinados, desencadeiam mais comportamentos desse género nele, os quais, por sua vez, espoletam mais comportamentos semelhantes por parte dos subordinados. E assim por diante, involuntariamente, a relação entra numa espiral descendente.

Um caso ilustrativo é o da história de Steve, um supervisor fabril de uma empresa do grupo das *Fortune* 100. Quando conhecemos Steve, dava a impressão de estar altamente motivado, cheio de energia e iniciativa. Dominava a sua operação, mantendo-se a par dos problemas e tratando deles rapidamente. O seu chefe manifestava grande confiança nele e classificava como excelente o seu desempenho. Graças a isso, Steve foi escolhido para dirigir uma nova linha de produção considerada essencial para o futuro da fábrica.

No novo posto, Steve respondia a Jeff, que tinha acabado de ser promovido a uma posição de alta direção na fábrica. Nas primeiras semanas da relação, Jeff pediu periodicamente a Steve que escrevesse breves análises das rejeições mais significativas feitas pelo controlo de qualidade. Embora, na altura, Jeff não o tivesse explicado verdadeiramente a Steve, o seu pedido tinha dois principais objetivos: gerar informação que ajudaria ambos a aprender o novo processo de produção e ajudar Steve a desenvolver o hábito de efetuar sistematicamente análises da raiz dos problemas relacionados com a qualidade. Além disso, sendo ele próprio novo no posto, Jeff queria mostrar ao seu chefe que dominava a operação.

Desconhecendo os motivos de Jeff, Steve vacilou. Para que haveria ele de apresentar relatórios, pensou, sobre informação que compreendia e ele próprio acompanhava? Em parte por falta de tempo, em parte em resposta ao que considerava uma interferência do seu chefe, Steve investiu pouca energia nos relatórios. O seu atraso e má qualidade aborreciam Jeff, que começou a pensar que Steve não era um gerente particularmente proactivo. Quando pediu outra vez os relatórios, foi mais incisivo. Para Steve, aquilo só veio confirmar que Jeff não confiava nele. Evitou qualquer contacto, reagindo aos seus pedidos com uma crescente resistência passiva. Pouco tardou que Jeff se convencesse de que Steve não era eficaz e não conseguia dar conta do recado sem ajuda. Começou a supervisionar-lhe todos os movimentos – para o previsível desalento de Steve. Um ano depois de se ter encarregado entusiasticamente da nova linha de produção, Steve estava tão desanimado que pensava despedir-se.

Como podem os gestores quebrar a síndrome do fracasso programado? Antes de responder a esta pergunta, olhemos mais de perto para as dinâmicas que acionam a síndrome e a mantêm em andamento.

Desmontar a síndrome

Dissemos antes que a síndrome do fracasso programado começa normalmente de forma sub-reptícia – ou seja, é uma dinâmica que, por norma, vai cercando o chefe e o subordinado até que de repente se dão ambos conta de que a relação azedou.

Mas subjacentes à síndrome estão várias presunções sobre funcionários com desempenho mais fraco que os chefes parecem uniformemente aceitar. A nossa investigação mostra, de facto, que é típico os executivos compararem os empregados mais fracos com os mais fortes, usando os seguintes descritores:

- Menos motivados, com menos energia e com menor probabilidade de irem além das obrigações mínimas.
- Mais passivos quando se trata de tomar em mãos problemas ou projetos.
- Menos agressivos no que se refere a antecipar problemas.
- Menos inovadores, menor probabilidade de sugerirem ideias.
- Mais limitados na sua visão e perspetiva estratégica.
- Mais tendentes a entesourar informação e a afirmar a sua autoridade, tornando-os maus chefes para os subordinados.

Não é surpreendente que, na base dessas assunções, os chefes tendam a tratar de forma muito diferente os funcionários mais fracos e os mais fortes. Com efeito, numerosos estudos já mostraram que até 90% dos chefes tratam alguns subordinados como se fossem membros de um grupo «sim» ao tempo que consignam outros a um grupo «não». Os membros do grupo «sim» são considerados colaboradores de confiança e, por conseguinte, recebem mais autonomia, mais *feedback* e mais manifestações de confiança por parte dos chefes. A relação chefe-subordinado neste grupo é de confiança mútua e de influência recíproca. Os membros do grupo «não», por outro lado, são mais vistos como simples trabalho contratado e geridos em moldes mais formais, menos pessoais, com maior ênfase em regras, políticas e autoridade. (Para mais material sobre como os chefes tratam de maneira diferente uns e outros, veja-se o quadro «*In* com a Malta Fixe, *Out* com os *Out*».)

Porque classificam os chefes os subordinados em grupos *in* e *out*? Pela mesma razão que todos nós tendemos a catalogar a nossa família, amigos e conhecidos: facilita-nos a vida. Rotular as pessoas é uma coisa que todos fazemos porque nos permite funcionar mais eficientemente. Poupa tempo ao providenciar um guia grosseiro, mas à mão de semear, para interpretar acontecimentos e interagir com os outros. Os gestores usam, por exemplo, este género de pensamento para determinar rapidamente quem deve ficar com esta ou aquela tarefa. Eis a parte boa.

O lado negativo do pensamento categorial nas organizações é que leva a um fechamento prematuro. Formada a sua opinião sobre as capacidades limitadas e a fraca motivação de um subordinado, é provável que o gestor repare nas provas que a confirmam, ignorando seletivamente qualquer testemunho em contrário. (Um gestor pode, por exemplo, interpretar como um feliz acaso isolado uma ideia fantástica para um novo produto vinda de um subordinado do grupo *out*.) Infelizmente para alguns subordinados, vários estudos mostram que os chefes tendem a tomar muito cedo a decisão sobre quem está *in* e quem está *out*, às vezes cinco dias apenas depois de conhecerem os empregados.

In com a malta fixe, *out* com os *out*

Comportamento do chefe para com os que são vistos como mais fortes	Comportamento do chefe para com os que são vistos como mais fracos
Discute os objetivos do projeto, com um foco limitado na sua execução. Dá ao subordinado a liberdade de escolher a sua própria abordagem para a resolução de problemas ou a realização dos objetivos.	É imperativo ao discutir tarefas e objetivos. Centra-se no que tem de ser feito, bem como na maneira como deve ser feito.
Trata as variações desfavoráveis, os erros ou os juízos incorretos como oportunidades de aprendizagem.	Dedica uma atenção apertada às variações desfavoráveis, erros ou juízos incorretos.
Mostra-se disponível, nas linhas de: «Diz-me se posso ajudar.» Enceta conversas descontraídas e pessoais. Está aberto às sugestões do subordinado e discute-as com interesse.	Só se mostra disponível na base da necessidade. Assenta as conversas primariamente em tópicos relacionados com o trabalho.
Atribui missões interessantes ao subordinado, as quais desafiam as suas capacidades. Permite frequentemente que este escolha as suas próprias missões.	Presta pouca atenção aos comentários ou sugestões do subordinado sobre como e porquê o trabalho é feito.
Pede opiniões ao subordinado sobre estratégia organizacional, execução, políticas e procedimentos.	Só com relutância dá ao subordinado mais do que missões rotineiras. Quando distribui tarefas, dá pouca escolha ao subordinado. Fiscaliza-o pesadamente.
Defere muitas vezes à opinião do subordinado quando há desacordos.	Raramente pede comentários sobre matérias de organização ou trabalho ao subordinado.
Elogia o subordinado pelo que ele fez bem	Em caso de desacordo, impõe normalmente ao empregado a sua própria opinião.
	Realça o que o subordinado está a fazer mal.

Estarão os chefes conscientes deste processo de seleção e do tratamento diferenciado que dão aos empregados *in* e *out*? Absolutamente. Na verdade, os que estudámos, independentemente da nacionalidade, empresa ou antecedentes pessoais, estavam, por norma, bastante cientes de se comportarem de forma mais controladora para com os empregados vistos como fracos. Alguns preferiam rotular esta abordagem como «de apoio e ajuda». Muitos também reconheciam que, embora tentassem evitá-lo, tendiam a impacientar-se mais facilmente com os empregados com desempenho mais fraco do que com os melhores. Em termos gerais, contudo, os gestores têm consciência da natureza controladora do seu comportamento para com os empregados que veem como mais fracos. Para eles, semelhante atitude não é um erro de execução; é intencional.

O que geralmente os chefes *não* reconhecem é que os seus controlos apertados acabam por prejudicar o desempenho dos subordinados, minando-lhes a motivação de duas formas: primeiro, privando-os de autonomia no seu trabalho e, segundo, fazendo-os sentir-se subvalorizados. Os controlos apertados são uma indicação de que o chefe assume que o subordinado não é capaz de atuar bem sem diretrizes estritas. Quando este último sente as baixas expetativas, pode ficar com a autoconfiança minada, o que é particularmente problemático, visto que numerosos estudos confirmam que as pessoas se alçam ou descem no desempenho aos níveis do que os seus chefes esperam delas ou, de facto, aos níveis que esperam de si próprias.[1]

É claro que os executivos nos dizem muitas vezes: «Oh, mas eu tenho muito cuidado nesta questão das expetativas. Exerço mais controlo sobre os meus subordinados de baixo rendimento, mas asseguro-me de que não lhes pareça falta de confiança e de crença na sua capacidade.» Acreditamos no que estes executivos nos dizem. Isto é, acreditamos que se esforçam por disfarçar as suas intenções. Quando falamos com os seus subordinados, contudo,

---

[1] A influência das expetativas sobre os desempenhos foi observada em numerosas experiências por Dov Eden e pelos seus colegas. Ver Dov Eden, «Leadership and Expectations: Pygmalion Effects and Other Self-fulfilling Prophecies in Organizations», *Leadership Quarterly,* inverno 1992, vol. 3, no. 4, pp. 271–305.

62   O *FEEDBACK* CONTÍNUO

descobrimos que tais esforços são, maioritariamente, infrutíferos. Com efeito, a nossa pesquisa mostra que a maior parte dos empregados é capaz de «ler o pensamento dos chefes» – e fá-lo. Sabem perfeitamente, em particular, se encaixam no grupo dos *in* ou dos *out* do seu chefe. Basta-lhes comparar o modo como são tratados com o modo como são tratados os seus colegas mais conceituados.

Tal como as presunções do chefe sobre os empregados de menor rendimento e a maneira certa de os gerir explica a sua cumplicidade na síndrome do fracasso programado, também as presunções do subordinado quanto ao que estará o chefe a pensar explicam a sua própria cumplicidade. A razão? Quando as pessoas sentem desaprovação, crítica ou, simplesmente, falta de confiança, tendem a desligar – um fenómeno comportamental que se manifesta de várias maneiras.

Fundamentalmente, desligar significa desconectar-se intelectual e emocionalmente. Os subordinados deixam pura e simplesmente de dar o seu melhor. Cansam-se de ser desautorizados e perdem a vontade de lutar pelas suas ideias. Na expressão de um subordinado: «O meu chefe diz-me como hei de executar todos os pormenores. Em vez de discutir com ele, acabei por querer dizer-lhe: "Vá lá, diga-me só o que quer que eu faça, e eu vou fazê-lo." Tornamo-nos robôs.» Outro empregado visto como de fraco rendimento explicou: «Quando o meu chefe me diz para fazer qualquer coisa, limito-me a fazê-la, mecanicamente.»

Desligar também envolve descomprometer-se a nível pessoal – acima de tudo, reduzindo o contacto com o chefe. Este descomprometimento é motivado, em parte, pela natureza dos intercâmbios anteriores, que têm tendido a ser negativos. Como admitiu um subordinado, «eu costumava tomar muito mais a iniciativa de falar com o chefe até começar a só receber *feedback* negativo; depois, dei comigo a retrair-me.»

Além do risco de uma reação negativa, os empregados vistos como de fraco rendimento preocupam-se em não manchar ainda mais a sua imagem. Seguindo o aforismo muitas vezes ouvido de que «é melhor ter o bico calado e parecer parvo do que abrir a boca e provar que se é», evitam pedir ajuda, receando expor ainda mais as suas limitações. Tendem também a transmitir menos informação − uma simples «chamada de atenção» por parte de um empregado visto como fraco pode levar o chefe a uma reação excessiva e a intervir imediatamente quando não era requerido. Como lembrava um desses empregados tidos por fracos, «só queria dar conhecimento ao meu chefe de uma pequena questão, apenas ligeiramente fora da rotina, mas, mal a mencionei, caiu-me em cima. Devia ter mantido a boca fechada. É o que faço agora».

Finalmente, desligar pode significar tornar-se defensivo. Muitos empregados vistos como fracos começam a dedicar mais energia à autojustificação. Antevendo que vão ser pessoalmente acusados de quaisquer fracassos, procuram desde logo encontrar desculpas. Acabam por despender imenso tempo a olhar para o retrovisor e perder o foco na estrada que têm em frente. Nalguns casos − como o de Steve, o supervisor fabril descrito acima −, esta posição defensiva pode levar ao incumprimento ou até à oposição sistemática às opiniões do chefe. Embora possa parecer irracional esta ideia de um empregado tido como fraco embirrar com o chefe, ela reflete aquilo que Albert Camus observou: «Quando privados de escolha, a única liberdade que nos resta é a de dizer não.»

Esta síndrome sai cara

A síndrome do fracasso programado tem dois custos óbvios: o custo emocional pago pelo subordinado e o custo organizacional associado ao fracasso da empresa em obter o melhor do seu empregado. Há, no entanto, outros custos a considerar, alguns indiretos e a longo prazo.

O chefe paga pela síndrome de várias maneiras. Primeiro, relações desconfortáveis com empregados vistos como de baixo rendimento depauperam a energia emocional e física do chefe. Manter uma fachada de cortesia e fingir que tudo está bem, quando ambas as partes sabem que não é assim, pode exigir um esforço considerável. Além disso, a energia devotada a tentar reparar essas relações ou a melhorar o desempenho do subordinado através de uma supervisão acrescida impede o chefe de atender a outras atividades – o que muitas vezes é frustrante ou até enfurecedor.

Além disso, a síndrome pode ter o seu custo para a reputação do chefe, na medida em que outros empregados da organização observam o seu comportamento para com os subordinados de mais fraco rendimento. Se este for considerado injusto ou pouco encorajador, os observadores apressar-se-ão a tirar as respetivas conclusões. Um empregado de excelente desempenho comentou o comportamento controlador e hipercrítico do chefe para com um outro subordinado nos seguintes moldes: «Fez-nos sentir a todos dispensáveis.» À medida que as organizações vão defendendo cada vez mais as virtudes da aprendizagem e do empoderamento, os gestores, para além de obter resultados, têm de cultivar a sua reputação como *coaches*.

A síndrome do fracasso programado tem também sérias consequências para qualquer equipa. Uma falta de fé naqueles que são vistos como menos produtivos pode tentar a sobrecarregar os que consideram mais produtivos; querem confiar as missões críticas àqueles com quem podem contar para as cumprir depressa e bem e àqueles que superarão a sua obrigação porque têm um forte sentido do destino comum. Como disse um chefe, meio a brincar, «a regra número um é: quem quer que uma coisa se faça dá-la a alguém que tenha muito que fazer – por alguma razão essa pessoa tem muito que fazer».

Uma carga de trabalho acrescida pode ajudar os empregados vistos como mais produtivos a gerir melhor o seu tempo, especialmente se eles próprios começarem a delegar mais eficazmente nos seus subordinados. Em muitos casos, no entanto, esses empregados limitam-se a absorver a carga e a respetiva pressão, que, ao longo do tempo, tem o seu custo pessoal e diminui a atenção que podem devotar a outros aspetos do trabalho, em particular àqueles que rendem benefícios a mais longo prazo. No pior dos casos sobrecarregar os mais produtivos pode levar ao seu esgotamento.

O espírito de equipa pode também sofrer com a progressiva alienação de um ou mais dos considerados menos produtivos. As grandes equipas partilham um sentido de entusiasmo e empenho numa missão comum. Mesmo quando membros do grupo *out* do chefe tentam guardar para si a dor que sentem, os restantes elementos da equipa são afetados pela tensão. Um gestor lembrou o desconforto experimentado por toda a equipa ao ver o seu chefe atormentar um dos colegas todas as semanas. Nas suas palavras, «uma equipa é como um organismo vivo. Se um membro está a sofrer, toda a equipa sente dor».

Além disso, muitas vezes os subordinados alienados não guardam o sofrimento para si. Nos corredores ou ao almoço, procuram ouvidos simpáticos para desabafar as suas recriminações e queixas, não só perdendo o seu tempo, como também distraindo os colegas do trabalho produtivo. Em vez de se focarem na missão da equipa, são desviados tempo e energia para a discussão das políticas e dinâmicas internas.

Finalmente, a síndrome do fracasso programado tem consequências para os subordinados daqueles que são vistos como menos produtivos. Pensem no miúdo mais fracote que é esmurrado no recreio da escola por um *bully*. A criança ferida vai muitas vezes para casa e espanca os irmãos mais pequenos e mais fracos. É o que se passa com a gente que está no grupo *out* do chefe. Quando têm de gerir os seus próprios subordinados, tendem a replicar o comportamento que os seus superiores lhes mostram. Não reconhecem os bons resultados ou, mais frequentemente, supervisionam demasiado os seus subordinados.

Quebrar o círculo vicioso é difícil

A síndrome do fracasso programado não é irreversível. Os subordinados podem libertar-se dela, embora tenhamos verificado que é raro. O subordinado precisa de apresentar consistentemente resultados tão superiores que o chefe seja obrigado a mudá-lo do estatuto de membro do grupo *out* para o de membro do grupo *in* – um fenómeno difícil no contexto em que esses subordinados operam. É difícil impressionar um chefe quando se tem de trabalhar em tarefas pouco desafiantes, sem autonomia e com recursos limitados; é também difícil persistir e manter altos padrões de desempenho quando se recebe pouco encorajamento.

Além do mais, mesmo que o subordinado alcance melhores resultados, pode levar algum tempo até o chefe dar por eles devido a uma observação e a uma memória seletivas. A pesquisa mostra mesmo que os chefes tendem a atribuir a fatores externos as coisas boas que acontecem aos colaboradores mais fracos ao invés de aos esforços e capacidades deles (enquanto o contrário é verdadeiro para os que são vistos como mais produtivos: os êxitos tendem a ser vistos como deles e os fracassos tendem a ser atribuídos a fatores externos incontroláveis). O subordinado precisará, por conseguinte, de alcançar uma série de êxitos para que o chefe considere sequer rever a categorização inicial. Libertar-se da síndrome do fracasso programado exige, claramente, um tipo especial de coragem, autoconfiança e persistência da parte do empregado.

O que muitas vezes acontece, pelo contrário, é que, para impressionar o chefe rápida e fortemente, membros do grupo *out* estabeleçam para si objetivos demasiado ambiciosos – prometendo cumprir um prazo três semanas mais cedo, por exemplo, ou acometendo seis projetos ao mesmo tempo ou tentando simplesmente tratar sem ajuda de um grande problema. Tais esforços sobre-humanos, tristemente, não passam, em geral, disso. Ao fixar objetivos que estão destinados a falhar, os subordinados também se apresentam como tendo muito fraco discernimento.

A síndrome do fracasso programado não se restringe a chefes incompetentes. Já a vimos acontecer a pessoas vistas dentro das respetivas organizações como excelentes superiores. A sua má gestão de alguns subordinados não as impede de terem êxito, especialmente quando elas e os seus empregados vistos como mais produtivos atingem altos níveis de desempenho individual. Esses chefes, no entanto, poderiam ser ainda mais bem-sucedidos para a equipa, para a organização e para si próprios se conseguissem quebrar o círculo vicioso.

Acertar

Regra geral, o primeiro passo para resolver um problema é reconhecer que ele existe. Esta observação é especialmente relevante para a síndrome do fracasso programado devido à sua natureza de autorreforço e de profecia que se realiza a si mesma. Interromper a síndrome exige que o gestor compreenda a sua dinâmica e, em especial, que aceite a possibilidade de o seu próprio comportamento estar a contribuir para o fraco desempenho de um subordinado. O passo seguinte para vencer a síndrome, contudo, é mais difícil: requer uma intervenção cuidadosamente planeada e estruturada que assuma a forma de uma (ou várias) conversa franca destinada a trazer à superfície e desentranhar a dinâmica insalubre que define a relação entre chefe e subordinado. O objetivo de tal intervenção é promover um aumento sustentável da produtividade do subordinado, reduzindo ao mesmo tempo o envolvimento do chefe.

Seria difícil – até prejudicial – fornecer um guião pormenorizado para este tipo de conversa. Um chefe que planeie rigidamente uma interação destas não será capaz de travar um verdadeiro diálogo com o subordinado, porque isso requer flexibilidade. Porém, como enquadramento orientador, oferecemos aqui cinco componentes que caraterizam as intervenções eficazes.

Primeiro, o chefe deve criar o contexto certo para a discussão

Para a reunião, deve, por exemplo, escolher um lugar e uma ocasião o menos intimidatórios possível. Um lugar neutro pode ser mais conducente a um diálogo aberto do que um gabinete onde já tenham ocorrido conversas, talvez desagradáveis. O chefe deve também usar linguagem afirmativa quando pedir ao subordinado que se reúna com ele. A sessão não deve ser apresentada como de *feedback*, dado que tais termos podem sugerir coisas passadas. *Feedback* poderá também ser tomado como querendo dizer que a conversa será unidirecional, um monólogo dirigido ao subordinado. A intervenção deverá, antes, ser descrita como uma reunião para discutir o desempenho do subordinado, o papel do chefe e a relação entre os dois. O chefe poderá até reconhecer que há alguma tensão e que quer usar a conversa para a diminuir.

Finalmente, ao estabelecer o contexto, o chefe deverá dizer ao empregado visto como mais fraco que gostaria sinceramente de que a interação fosse um diálogo aberto. Em particular, deverá reconhecer que pode ser parcialmente responsável pela situação e que o seu próprio comportamento para com o subordinado também está aberto a discussão.

Segundo, o chefe e o subordinado devem usar o processo da intervenção para chegar a acordo sobre os sintomas do problema

Poucos empregados são ineficazes em todos os aspetos da sua prestação. E poucos empregados – se é que algum – desejam desempenhar mal o seu trabalho. Por conseguinte, é crucial que a intervenção redunde numa compreensão mútua das responsabilidades profissionais em que o subordinado é fraco. No caso de Steve e Jeff, por exemplo, uma exposição exaustiva dos factos poderia tê-los levado a concluir que a deficiência do desempenho de Steve não era universal, mas antes se confinava em grande parte à qualidade dos relatórios que apresentava (ou não apresentava). Noutra situação, poderia chegar-se à conclusão de que um gestor de compras era fraco quando se tratava de encontrar fornecedores estrangeiros e de exprimir as suas opiniões nas reuniões. Ou um novo responsável pelo investimento e o seu chefe poderiam concordar que o seu desempenho era abaixo da média quando se tratava de escolher as ocasiões para vender e comprar ações, mas também poderiam concordar em que era bastante forte na análise financeira das empresas em causa. A ideia aqui reside no seguinte: antes de se trabalhar em melhorar o desempenho ou reduzir a

SÍNDROME DO FRACASSO PROGRAMADO   69

tensão nas relações, deve alcançar-se um acordo sobre quais as áreas de desempenho que contribuem para o contencioso.

Ao discutirmos o caso de Steve e Jeff usámos a palavra «factos». E isto porque um chefe precisa de apoiar a sua avaliação do desempenho em factos e dados – para que a intervenção seja útil. Não se pode basear em impressões – como no caso em que Jeff disse a Steve: «Tenho a sensação de que não está a investir energia suficiente nos relatórios.» Em vez disso, Jeff precisa de explicar em que consiste um bom relatório e quais os aspetos em que os de Steve não estão à altura. Do mesmo modo, o subordinado deverá ser autorizado – encorajado, mesmo – a defender a sua prestação, a compará-la com o trabalho dos colegas e a assinalar as áreas em que é forte. No fim de contas, lá porque uma coisa seja a opinião do chefe não se transforma num facto.

Terceiro, o chefe e o subordinado devem chegar a um entendimento sobre o que poderá estar a causar o fraco desempenho em certas áreas

Uma vez identificadas as áreas de fraco desempenho, é altura de desenterrar as razões para essas deficiências. Terá o subordinado poucas aptidões na organização do trabalho, na gestão do seu tempo ou em trabalho de equipa? Faltar-lhe-ão capacidades ou conhecimentos? Concordam chefe e subordinado nas prioridades? É possível que o subordinado tenha prestado menos atenção a uma dimensão particular do seu trabalho porque não tinha consciência da sua importância para o chefe. Tornar-se-á o subordinado menos eficaz sob pressão? Terá padrões de desempenho mais baixos do que os do chefe?

É também crucial na intervenção que o chefe traga à colação o tema do seu próprio comportamento face ao subordinado e de como ele afeta o desempenho deste último. O chefe poderá até tentar descrever a dinâmica da síndrome do fracasso programado. «O meu comportamento para consigo dificulta-lhe a vida?», poderá perguntar. Ou: «Que estou eu a fazer que o leva a pensar que exerço demasiada pressão sobre si?»

O *FEEDBACK* CONTÍNUO

Esta componente da discussão também tem de tornar explícitas as assunções que o chefe e o subordinado têm feito até ao momento sobre as intenções de cada qual. Muitos mal-entendidos começam com suposições não comprovadas. Jeff poderia dizer, por exemplo: «Quando não me entregou os relatórios que pedi, cheguei à conclusão de que não era muito proactivo.» Isto permitiria que Steve trouxesse a lume as suas reservas enterradas. «Não», poderia ter respondido, «reagi negativamente apenas porque pediu os relatórios por escrito, o que tomei como sinal de um excesso de controlo.»

Quarto, o chefe e o subordinado devem chegar a acordo sobre os seus objetivos de desempenho e o desejo de melhorarem a sua relação

Na medicina, o diagnóstico de uma doença é seguido pela prescrição de um tratamento. As coisas são um bocadinho mais complexas quando se trata de reparar uma disfunção organizacional, dado que modificar comportamentos e desenvolver aptidões complexas pode ser mais difícil do que tomar uns quantos comprimidos. No entanto, o princípio aplicado na medicina aplica-se também nas empresas: chefe e subordinado têm de usar a intervenção para traçar uma linha de tratamento para os problemas de raiz que identificaram em conjunto.

O contrato entre chefe e subordinado deve identificar o modo como podem melhorar as suas aptidões, conhecimentos, experiência ou relação pessoal. Deverá também incluir uma discussão explícita de qual o grau e o tipo de supervisão que o chefe exercerá. Nenhum chefe deverá, é claro, abdicar subitamente do seu envolvimento; é legítimo que superiores fiscalizem o trabalho dos seus subordinados, em especial quando estes tiverem mostrado capacidades limitadas numa ou em mais facetas da sua tarefa. Do ponto de vista do subordinado, contudo, é mais provável que o envolvimento do chefe seja aceite e possivelmente até bem-vindo se o seu objetivo for ajudar o subordinado a desenvolver-se e melhorar. A maioria dos subordinados é capaz de aceitar um envolvimento

SÍNDROME DO FRACASSO PROGRAMADO

temporário, que vá diminuindo à medida que o seu desempenho melhore. O problema é um acompanhamento intenso que pareça destinado a nunca mais desaparecer.

Quinto, o chefe e o subordinado deverão concordar em de futuro comunicar mais abertamente

O chefe poderá dizer: «Da próxima vez que eu faça seja o que for que lhe transmita baixas expetativas, diga-mo imediatamente.» E o subordinado poderá responder, ou ser encorajado a dizer: «Da próxima vez que eu faça alguma coisa que o irrite ou que não perceba, diga-mo logo.» Estes pedidos simples podem abrir a porta quase instantaneamente a uma relação mais sincera.

Não há respostas fáceis

A nossa pesquisa sugere que intervenções deste tipo não ocorrem com muita frequência. Conversas cara a cara sobre o desempenho de um subordinado tendem a estar nos primeiros lugares de entre as situações que as pessoas preferem evitar no trabalho, porque podem contribuir para que ambas as partes se sintam ameaçadas ou embaraçadas. Os subordinados têm relutância em dar o primeiro passo porque receiam parecer sensíveis ou chorões. Os chefes tendem a evitar essas conversas porque os preocupa a reação do subordinado; a discussão pode forçar o superior a revelar explicitamente a sua falta de confiança no subordinado, deixando-o na defensiva e piorando ainda mais a situação.[2]

Em resultado, os chefes confrontados com a síndrome do fracasso programado podem sentir-se tentados a evitar uma discussão explícita. Em vez disso, procederão de forma tácita, tentando encorajar os subordinados que veem como mais fracos. Semelhante

---

[2] Chris Argyris tem escrito extensamente sobre como e porquê as pessoas tendem a comportar-se improdutivamente em situações que veem como ameaçadoras ou embaraçosas. Ver, por exemplo, *Knowledge for Action: A Guide to Overcoming Barriers to Organizational Change* (San Francisco: Jossey-Bass, 1993).

abordagem tem a vantagem a curto prazo de tornear o desconforto de uma discussão aberta, mas apresenta três grandes desvantagens.

Primeiro, é menos provável que uma abordagem unilateral por parte do chefe conduza a uma melhoria duradoura porque se foca apenas num dos sintomas do problema – o comportamento do chefe. Não trata do papel do subordinado no fraco desempenho.

Segundo, mesmo que o encorajamento do chefe tivesse êxito no que respeita a melhorar o desempenho do subordinado, uma abordagem unilateral limitaria o que, doutra maneira, tanto ele como o subordinado poderiam aprender num tratamento mais declarado do problema. Este último, em particular, não teria o benefício de observar e aprender alguma coisa com o modo como o primeiro lidou com as dificuldades da relação dos dois – problemas que o subordinado poderá um dia defrontar com as pessoas que dirija.

Finalmente, os chefes que tentam modificar o seu comportamento de forma unilateral acabam muitas vezes por exagerar; dão de súbito ao subordinado mais autonomia e responsabilidade do que aquilo com que ele é capaz de lidar produtivamente. Este, como seria de esperar, não produz resultados que satisfaçam o chefe, o que o deixa ainda mais frustrado e convencido de que aquele não consegue funcionar sem intensa supervisão.

Não estamos a dizer que a intervenção seja sempre o melhor curso de ação. Às vezes, não é possível nem desejável. Pode haver, por exemplo, provas esmagadoras de que o subordinado não é capaz de desempenhar a sua tarefa. Foi um erro de contratação ou de promoção, sendo que o melhor a fazer é mesmo removê-lo do posto. Noutros casos, a relação entre o chefe e o subordinado já lá vai – sofreu demasiados danos para poder ser reparada. E, finalmente, os chefes às vezes estão demasiado ocupados e sob uma imensa pressão para investir o género de recursos que a intervenção implica.

No entanto, com frequência, o maior obstáculo a uma intervenção eficaz é a atitude do chefe. Quando este acredita que um subordinado é fraco e, a acrescer a tudo o mais, também o irrita, não é capaz de disfarçar o que sente com palavras; as suas convicções subjacentes manifestar-se-ão na reunião. É por isso que a preparação de uma intervenção é crucial. Antes sequer de decidir ter uma reunião, o chefe deve separar as emoções da realidade. Será que a situação foi sempre tão má como é agora? Será o subordinado realmente tão fraco como ele julga? Que provas sólidas tem para essa crença? Poderá haver outros fatores, para além do desempenho, que o tenham levado a rotular de fraco o subordinado? Não há coisas que ele faça bem? Deve ter exibido qualificações acima da média quando foi contratado. Ter-se-ão evaporado de repente?

O chefe poderá mesmo querer ensaiar mentalmente parte da conversa. Se eu lhe disser isto, que poderá ele responder? Sim, com certeza, dirá que não foi culpa sua e que o cliente foi irrazoável. Essas desculpas – não terão realmente nenhum mérito? Terá ele alguma razão? Será que, noutras circunstâncias, poderia tê-las encarado mais favoravelmente? E se ainda acredito que tenho razão, como posso ajudar o meu subordinado a ver as coisas com mais clareza?

O chefe deve também preparar-se mentalmente para estar aberto aos pontos de vista do subordinado, mesmo que este questione qualquer evidência do seu fraco desempenho. Ser-lhe-á mais fácil a abertura se, ao preparar a reunião, tiver questionado as suas próprias presunções.

Mesmo quando bem preparados, os chefes experimentam normalmente algum grau de desconforto durante as reuniões de intervenção, o que não é mau de todo. O subordinado também estará um tanto desconfortável, e é tranquilizador para ele ver que o chefe também é um ser humano.

Cálculo de custos e benefícios

Como dissemos, uma intervenção nem sempre é aconselhável. Mas, quando o é, redunda numa gama de resultados uniformemente melhores do que a alternativa – isto é, a continuação do mau desempenho e da tensão. No fim de contas, chefes que sistematicamente escolhem ignorar o fraco desempenho dos seus subordinados ou optar pela solução mais expedita de removerem os funcionários vistos como de menor rendimento estão condenados a continuar a repetir os mesmos erros. Encontrar e formar substitutos para os empregados considerados menos capazes é uma despesa cara e recorrente. Como o é também vigiar e controlar o desempenho cada vez pior de um subordinado desencantado. Obter resultados *a despeito* do nosso pessoal não é uma solução sustentável. Por outras palavras, faz sentido pensar na intervenção como um investimento, não uma despesa – com um retorno que provavelmente será alto.

Qual a dimensão do retorno e que forma assumirá depende obviamente do resultado da intervenção, o qual dependerá, por sua vez, não só da qualidade desta, mas também de vários fatores--chave contextuais: há quanto tempo está a relação numa espiral descendente? Terá o subordinado os recursos intelectuais e emocionais para fazer o esforço que lhe é exigido? Terá o chefe tempo e energia suficientes para fazer a sua parte?

Os resultados que temos observado podem agrupar-se em três categorias. No melhor dos casos, a intervenção leva a uma mescla de *coaching*, formação, reformulação de tarefas e desanuviamento do ambiente; em resultado, a relação e o desempenho do subordinado melhoram e os custos associados à síndrome desaparecem ou, pelo menos, decrescem sensivelmente.

Num segundo caso, um pouco pior, o desempenho do subordinado só melhora ligeiramente, mas, visto que ele teve uma oportunidade sincera e aberta para ser ouvido pelo chefe, a relação entre os dois torna-se mais produtiva. Chefe e subordinado compreendem melhor as dimensões do trabalho que este último pode fazer bem e aquelas em que ele sente dificuldades. Esta compreensão acrescida leva-os a explorarem *em conjunto* maneiras de desenvolver um melhor ajustamento entre o trabalho e os pontos fortes e fracos do subordinado. Tal melhoria pode ser alcançada por uma modificação significativa do atual trabalho ou pela transferência do subordinado para outra posição dentro da empresa. Pode até resultar na decisão deste último de se despedir.

Embora esse desfecho não seja tão positivo como o primeiro, é ainda produtivo; uma relação mais franca alivia a pressão tanto sobre o chefe como sobre o subordinado e, por seu turno, sobre os subordinados do subordinado. Se este passar para uma posição dentro da organização que se lhe ajuste melhor, é provável que o seu desempenho melhore. A sua recolocação pode também abrir uma vaga para um empregado que desempenhe melhor o posto. O ponto-chave é que, tendo sido tratado decentemente, é mais provável que o subordinado aceite o desfecho do processo. Estudos recentes mostram, de resto, que a perceção da justiça de um processo tem um impacto importante nas reações do empregado ao seu resultado. (Ver «Fair Process: Managing in the Knowledge Economy», de W. Chan Kim e Renée Mauborgne, HBR July–August 1997.)

Essa justiça é um benefício, mesmo nos casos em que, a despeito dos melhores esforços do chefe, nem o desempenho do subordinado nem a sua relação com o chefe melhoram significativamente. Às vezes acontece que o subordinado é verdadeiramente desprovido de capacidade para corresponder aos requisitos do trabalho; não tem interesse em fazer um esforço para melhorar; chefe e subordinado têm diferenças tanto pessoais como profissionais irreconciliáveis. Nesses casos, porém, a intervenção ainda rende benefícios indiretos, porque, mesmo que a ela se siga uma demissão, é menos provável que os outros empregados da empresa se sintam dispensáveis ou traídos quando veem que o empregado recebeu um tratamento justo.

Mais vale prevenir do que remediar

A síndrome do fracasso programado não é um *fait accompli* organizacional. Pode ser desfeita. Antes de mais, o chefe precisa de tomar consciência da sua existência e reconhecer a possibilidade de ele próprio poder ser parte do problema. O segundo passo requer que inicie uma intervenção focada e clara. Uma tal intervenção exige um intercâmbio aberto entre chefe e subordinado, baseado na evidência de um desempenho fraco, suas causas subjacentes e responsabilidades conjuntas – culminando numa decisão a dois sobre como trabalhar para eliminar a própria síndrome.

Reverter a síndrome requer dos gestores que questionem as suas próprias presunções. Exige também que tenham a coragem de procurar dentro de si causas e soluções antes de colocar o fardo da responsabilidade onde não pertence por completo. A prevenção da síndrome é claramente, todavia, a melhor opção.

Na nossa pesquisa atual, temos estudado diretamente a prevenção. Os resultados são preliminares, mas à primeira vista os chefes que gerem de modo a evitar consistentemente a síndrome do fracasso programado têm vários traços em comum. É interessante verificar que não se comportam da mesma maneira com todos os subordinados. Envolvem-se mais com uns do que com outros – fiscalizam mesmo alguns subordinados mais do que outros. Fazem-no, todavia, sem os desautorizar e desencorajar.

Como? Uma das respostas reside no facto de esses gestores começarem por estar ativamente envolvidos com todos os empregados, reduzindo aos poucos o seu envolvimento, à medida que os desempenhos melhoram. Uma orientação inicial não é intimidatória porque não é desencadeada por insuficiências de desempenho; é sistemática e visa ajudar a estabelecer as condições do futuro êxito. Um contacto frequente no princípio de uma relação oferece ao chefe ampla oportunidade para comunicar com os subordinados em matéria de prioridades, avaliação do desempenho, distribuição do tempo e até expetativas quanto ao tipo e frequência da comunicação. Este tipo de transparência é um grande passo no sentido de evitar a dinâmica do fracasso programado, tantas vezes alimentada por expetativas não declaradas e por uma falta de clareza quanto às prioridades.

No caso de Steve e Jeff, por exemplo, Jeff poderia ter tornado explícito logo de início que queria que Steve estabelecesse um sistema que analisasse sistematicamente as causas de fundo das rejeições pelo controlo de qualidade. Poderia ter explicado os benefícios da implementação de um tal sistema nas fases iniciais da instalação da nova linha de produção e manifestado a sua intenção de se envolver ativamente na sua conceção e funcionamento inicial. O seu envolvimento futuro poderia depois diminuir nos moldes em que acordassem juntos nessa fase.

Outra maneira que os gestores parecem ter de evitar a síndrome do fracasso programado consiste no permanente questionamento das suas próprias presunções e atitudes em relação aos empregados. É quando se esforçam por resistir à tentação de os classificar de modos simplistas. Fiscalizam também o seu próprio raciocínio. Quando, por exemplo, se sentem frustrados a respeito do desempenho de um subordinado, perguntam a si próprios: «Quais são os factos?» Verificam se não estarão à espera de coisas que não foram articuladas e tentam ser objetivos sobre com que frequência e em que medida o empregado realmente falhou. Por outras palavras, sondam as suas próprias presunções e comportamento antes de tomarem a iniciativa de uma intervenção em toda a regra.

Finamente, os gestores evitam a síndrome do fracasso programado criando um ambiente em que os empregados não sentem desconforto em discutir o seu desempenho e as suas relações com os chefes. Tal ambiente é função de vários fatores: a abertura do chefe, o seu nível de conforto quando vê as suas opiniões questionadas, até o seu sentido do humor. O resultado líquido é que o chefe e os subordinados se sentem à vontade para comunicar frequentemente e questionar-se sobre os respetivos comportamentos antes que os problemas proliferem ou calcifiquem.

Os métodos usados para afastar a síndrome do fracasso programado envolvem reconhecidamente uma grande dose de investimento emocional dos chefes – tal como as intervenções. Acreditamos, no entanto, que este maior envolvimento emocional é a chave para que os empregados trabalhem no seu máximo potencial. Como na maior parte das coisas desta vida, só se consegue retirar muito quando se põe muito. Conforme nos disse em tempos um alto executivo, «o respeito que se dá é o respeito que se recebe». Concordamos. Se queremos – se precisamos, na verdade – que as pessoas da nossa organização se devotem de alma e coração ao seu trabalho, também nós temos de o fazer.

Reproduzido da *Harvard Business Review*, março/abril 1998.

Jean-François Manzoni é professor de Prática da Gestão e professor da Cátedra Shell de Recursos Humanos e Desenvolvimento Organizacional no INSEAD (*campus* de Singapura). É coautor, com Jean-Louis Barsoux, de *The Set-Up-to-Fail Syndrome: How Good Managers Cause Great People to Fail* (Harvard Business School Press, 2002).

Jean-Louis Barsoux é investigador residente no INSEAD, com a especialidade de comportamento organizacional. É coautor, com Susan C. Schneider, de *Managing Across Cultures*.

Capítulo 6
Como dar *feedback* que ajude as pessoas a crescer

por Monique Valcour

AO LONGO DOS ANOS, tenho perguntado a centenas dos meus alunos dos cursos de direção quais as aptidões que lhes parecem essenciais aos líderes. Uma resposta que surge frequentemente é: «A capacidade de dar *feedback* duro.» Mas que é ao certo «*feedback* duro»? A frase conota más notícias, como quando temos de dizer a um membro da equipa que falhou completamente numa coisa importante. «Duro» significa também a maneira como pensamos que temos de *agir* quando damos *feedback* negativo: firmes, resolutos e inflexíveis.

Porém, a palavra também sinaliza o desconforto que alguns de nós sentimos ao dar *feedback* negativo e o desafio de o fazer em moldes que motivem mudanças ao invés de deixar o interlocutor na defensiva. Os gestores caem num certo número de armadilhas comuns. Podemos estar zangados com um empregado e usar a conversa para desabafar e não para o *coaching* dele. Ou adiar uma crítica necessária porque antevemos que o empregado se vai tornar argumentativo e recusar-se a aceitar a sua responsabilidade. Há quem também tente embrulhar o *feedback* negativo em elogios, como quem disfarça um comprimido amargo numa colher de mel. No entanto, esta abordagem é errónea porque não queremos que a mensagem construtiva passe despercebida. É essencial, em vez disso, criar condições em que o interlocutor possa acolher o *feedback*, refletir sobre ele e aprender.

Para que se tenha a noção de como isto funciona na prática, vou justapor duas conversas de *feedback* que ocorreram a seguir a um conflito de trabalho. MJ Paulitz, uma fisioterapeuta do Noroeste Pacífico, estava certo dia a tratar um paciente quando recebeu no *pager* a chamada de uma colega. Seguindo os procedimentos estabelecidos, pediu desculpa e saiu da sala de tratamentos para lhe telefonar. A colega que a contactara não atendeu, nem lhe havia deixado qualquer mensagem em que descrevesse a situação que justificara o aviso. O mesmo aconteceu outras duas vezes durante aquela sessão de tratamento. Da terceira vez que deixou o seu paciente para telefonar à colega, MJ perdeu a paciência, deixando no *voice-mail* uma mensagem irada. Ao ouvir a mensagem, a colega, muito incomodada, deu conhecimento do ocorrido ao supervisor, acusando MJ de linguagem insultuosa.

A primeira sessão de *feedback* de MJ teve lugar no gabinete do supervisor. MJ recorda: «Quando entrei, já ele tinha decidido que era eu quem estava em falta, tinha toda a informação de que precisava e não estava interessado em ouvir o meu lado da história. Não se referiu às três vezes que ela me obrigara a interromper o tratamento. Não reconheceu que isso poderia ter estado na origem da minha perda de estribeiras.» O supervisor mandou MJ ao departamento de Recursos Humanos para um corretivo. Ela saiu a ferver de indignação com a injustiça.

MJ descreve a subsequente conversa de *feedback* com os Recursos Humanos como uma revelação. «A mulher dos Recursos Humanos percebeu logo que eu vinha com uma grande dose de emoções à flor da pele e teve-as em conta. Disse-me: "Posso imaginar o que está a sentir neste momento. Aqui, no meu gabinete, para um corretivo. Se fosse eu, sentir-me-ia furiosa, frustrada, embaraçada... Alguma destas coisas se lhe aplica?" Aquilo fez uma enorme diferença.»

Estabelecida a confiança, MJ estava pronta a assumir a responsabilidade pelo seu comportamento e a comprometer-se a mudá-lo. A seguir, a pessoa dos RH disse: «Vamos falar agora sobre como reagiu naquele momento a esses sentimentos.» Abriu espaço a um verdadeiro diálogo.

O que as pessoas estão a dizer em hbr.org

Em qualquer sessão de *feedback* a intenção de quem o dá determina como é entregue a mensagem – a abordagem, os moldes, o tom e as palavras usadas. Se há confiança entre o emissor e o destinatário, assim como consideração e abertura, estando o primeiro focado apenas no crescimento do segundo, o *feedback* pode ser duro, mas também positivo.
—Publicado por Cindy

Quando o *feedback* é «duro», significa que o emissor ainda não está pronto para o dar. É «duro» porque envolve comportamentos e emoções que este não é capaz de compreender e controlar. O *feedback* nunca deveria ser «duro» porque precisa de ser factual e construtivo, baseado no processo que levou alguém a agir de uma certa maneira. Fazer perguntas abertas é um modo certo de o tornar mais eficaz.
—Publicado por Michel

Uma das minhas irritações de estimação no trabalho é a que envolve chefes que ouvem uma queixa, tiram conclusões precipitadas e se recusam sequer a contemplar o outro lado da história. Uma coisa é um gestor ter as suas opiniões sobre o que é ou não um bom desempenho; outra é recusar-se a discuti-las. Posso compreender que um chefe tome medidas, em certas circunstâncias, se múltiplos clientes ou colegas se tiverem queixado – sem necessariamente subscrever a substância das queixas. Mas é absolutamente errado concluir que alguém fez de facto alguma coisa mal, só por o ouvir dizer a um terceiro.
—Publicado por Jeffrey

A conversa subsequente foi uma poderosa aprendizagem que ainda hoje MJ tem presente. «Muitas vezes, quando sentimos uma emoção forte, seguimos aquilo a que a pessoa dos RH chamou um "carreiro" porque já foi bem trilhado, é muito estreito e leva sempre ao mesmo lugar. Digamos que alguém está furioso. Que faz? Explode. Não faz mal que sinta essas emoções; errado é que expluda. Ela pediu-me que pensasse no que poderia fazer para seguir um caminho diferente. O *feedback* da pessoa dos RH ajudou-me a aprender a procurar um espaço entre o que estou a sentir e a primeira coisa que me sai da boca. Deu-me a oportunidade de crescer. O que fez com que isso ocorresse foi o estabelecimento de um espaço de segurança, confiança e empatia, passando depois a "tem de mudar", em vez de começar por "tem de mudar", que foi o que fez o meu supervisor. Eu precisava de mudar, de facto; era essa toda a razão de ser da ação corretora. Mas ela não poderia começar por ali porque eu ficaria defensiva, fechar-me-ia e não assumiria a minha responsabilidade. Ainda hoje continuo a pensar que a minha colega deveria ter sido repreendida. Mas também assumo a minha parte na história. Vejo que segui o tal "carreiro" e sei que não o farei uma segunda vez.»

A diferença entre as duas sessões que MJ descreveu resume-se ao *coaching*, que aprofunda a autoconsciência e catalisa o crescimento, e a *reprimenda*, que desperta a autoproteção e a fuga às responsabilidades. Em resumo, conversas de *feedback* poderosas e impactantes partilham os seguintes elementos:

- **A intenção de ajudar o empregado a crescer**. O objetivo da discussão não é apenas dizer-lhe o que fez mal. O *feedback* deve aumentar, não drenar, a motivação do empregado e os seus recursos para uma mudança. Ao preparar uma conversa de *feedback*, devemos refletir no que esperamos alcançar e qual o impacto que gostaríamos de ter no destinatário, entregando-nos, talvez, a uns momentos de meditação.

COMO DAR *FEEDBACK* QUE AJUDE AS PESSOAS

- **Abertura da parte do emissor**. Se o superior manifestar desconforto e autoproteção, o empregado corresponderá a essa vibração, e ambos terminarão a conversa frustrados. Permanecendo abertos ao ponto de vista do outro, criamos uma ligação de alta qualidade que facilita a mudança.

- **Uma atitude colaborante**. Convidemos o empregado a entrar no processo de resolução do problema. Façamos perguntas como estas: Que ideias tem? Que vai levar desta conversa? Que passos vai dar, quando os dará e como ficarei eu a saber que os tomou?

Dar *feedback* de desenvolvimento que promova o crescimento é um desafio crucial a dominar porque pode fazer a diferença entre um empregado que contribui poderosa e positivamente para a organização e um funcionário que se sente diminuído e contribui muito menos. Uma única conversa pode motivá-lo — ou desmotivá-lo. Um verdadeiro líder vê a matéria-prima para o brilhantismo em cada um dos seus subordinados e cria as condições para o deixar fulgurar, mesmo quando o desafio é árduo.

Monique Valcour é *coach* de direção, oradora principal e associada do corpo docente do ThirdPath Institute. O seu *coaching*, pesquisa e consultoria ajudam empresas e indivíduos a construir carreiras, locais de trabalho e vidas de alto desempenho e com sentido.

Adaptado de conteúdo publicado em hbr.org em 11 de agosto de 2015.

Capítulo 7
Reconhecer de modo significativo o bom trabalho

por Christina Bielaszka-DuVernay

O RECONHECIMENTO É MUITO GABADO. Pergunte-se a quaisquer três gestores se consideram importante reconhecer o valor que as suas equipas aportam e há muita probabilidade de que se obtenham três respostas positivas.

Mas, se escavarmos um bocadinho, descobriremos que o que frei Tomás faz está a muitas léguas daquilo que diz.

O gestor 1 faz do reconhecimento uma prioridade – quando tem tempo para pensar nisso. Para o gestor 2, manifestar reconhecimento à sua equipa consiste em encomendar umas sanduíches para almoçarem na sala de reuniões uma ou duas vezes por trimestre. O gestor 3 é bastante consistente na sua atribuição de elogios e prémios – demasiado consistente, na verdade. A linguagem estereotipada das suas notas de agradecimento e o inevitável cartão de oferta de 25 dólares para um restaurante de tipo familiar já são gozados entre os membros da equipa, gerando, acima de tudo, revirares de olhos.

Para que o reconhecimento reforce o desempenho de uma equipa, dizem Adrian Gostick e Chester Elton, autores de *The Carrot Principle: How the Best Managers Use Recognition to Engage Their People, Retain Talent, and Accelerate Performance*, não pode ser arbitrário, generalizado ao grupo ou genérico.

Portanto, que caracteriza o reconhecimento que, de facto, funciona?

Ser frequente

Uma vez ou duas por trimestre não chega, como ainda não percebeu o gestor 2. Uma investigação conduzida pela Gallup Organization (Washington, DC) concluiu que o empenho e a motivação dos empregados são fortemente afetados pela frequência com que são alvo de reconhecimento pelo seu trabalho.

Três anos depois de a sucursal americana da firma KPMG ter introduzido o seu programa de reconhecimento, Encore, o número de empregados que concordavam com a afirmação «Este é um ótimo sítio para se trabalhar» aumentou 20%. Ao analisar a eficácia do programa, unidade por unidade, Sylvia Brandes, responsável norte-americana pelos vencimentos da KPMG verificou que as unidades que proporcionavam aos empregados um reconhecimento menos frequente sofriam uma rotação de pessoal muitíssimo mais elevada do que aquelas em que o reconhecimento era uma ocorrência mais frequente.

Portanto, com que frequência devemos dar conhecimento aos membros da nossa equipa de que reconhecemos e apreciamos o seu esforço? Pelo menos, uma vez em cada quinzena, semana sim, semana não.

Não estamos a falar de relógios de ouro, apontam Gostick e Elton. «Os gestores que ganham a maior confiança e dedicação da sua gente fazem-no com muitas ações simples, mas poderosas», escrevem em *The Carrot Principle,* que podem incluir um cartão de agradecimento sincero, a cópia de um memorando que elogia o seu desempenho ou um momento da reunião semanal de pessoal para realçar as suas ações. Para não perder o fio à meada, Gostick e Elton recomendam uma tabela simples de reconhecimento para cada empregado, na qual se anota a data em que foi feito o elogio e porquê.

Ligar a mensagem aos valores da organização

Se queremos que o reconhecimento reforce o tipo de pensamento e comportamento que gostaríamos de ver mais vezes, temos de ligar explicitamente o elogio aos valores da organização, seja a equipa, a unidade ou a empresa como um todo. Ao fazê-lo, tenhamos presente que estes podem ser muito pouco claros para os empregados.

«Há tantas cartas de missão ou de valores que dão para o torto», diz Gostick. «Ou são uma "lista de compras" ou louvam valores simpáticos, mas genéricos, tais como o trabalho árduo, o serviço, a inovação, etc. O resultado é que ninguém sabe realmente que valores ou comportamentos contam de facto.»

E, mesmo que os valores estejam claramente definidos e sejam mantidos num número aceitável, os empregados ignoram-nos ostensivamente ou desligam dos vários meios pelos quais uma empresa tenta comunicá-los. Quando foi a última vez que qualquer de nós leu até ao fim o último *e-mail* informativo do nosso CEO? Ou resistiu à tentação de brincar com o telemóvel durante um discurso sobre os valores da empresa?

Porém, o momento do reconhecimento pessoal é uma daquelas situações em que o empregado não vai desligar. Se essa ocasião for perante um grupo de pares, é muito provável que muitos – especialmente se gostam dele e o respeitam – também estejam a prestar atenção. De modo que, se selecionarmos alguém para elogiar, seja numa reunião a sós ou diante de um grupo, liguemos o comportamento dessa pessoa aos valores da organização. Por exemplo:

- «Obrigado, Peter, por ter feito de tudo para manter o nosso cliente satisfeito. Como sabe, a nossa equipa está a tentar melhorar as marcas em matéria de renovação dos contratos e este cliente é uma das nossas maiores contas, de modo que a sua ação significa realmente muito.»
- «Foi uma grande ideia convidar a equipa de projetos especiais para a reunião de pessoal. Falamos muitas vezes aqui do valor da colaboração entre unidades, mas nem sempre somos muito bons a torná-la realidade. Aprecio realmente os seus esforços nesta área – obrigado!»

Ser proporcional ao feito

Lembram-se do gestor 3 e dos seus vales de oferta de 25 dólares? Os seus gestos de reconhecimento eram recebidos de modo trocista porque os distribuía sem qualquer relação com o grau de esforço ou realização do empregado. Alguém que vinha ao fim de semana inserir os dados mais recentes num relatório importante recebia a mesma recompensa que alguém cujo projeto com três meses de duração descobria uma oportunidade de eliminar 50 000 euros de despesas anuais da unidade.

«É desmotivador dar a alguém um prémio insignificante por um feito importante», diz Gostick. «É uma bofetada na cara.»

Mas antes de pensar em termos puramente monetários sobre o que será apropriado para um certo nível de desempenho, há que considerar a qualidade última do reconhecimento eficaz.

Ser personalizado

A importância pode variar significativamente de um empregado para outro. Um empregado bastante ambicioso poderá valorizar como reconhecimento pelo seu mérito um encontro com o CEO ou a nomeação para a equipa de um projeto de alto nível.

Um empregado muito consciencioso, que parece nunca conseguir deixar o escritório, pode sentir-se mais recompensado com uma ordem explícita para tirar um dia de folga e levar a família ao jardim zoológico a expensas da empresa.

Os prémios em dinheiro, dizem Gostick e Elton, tendem a não ser tão valiosos como agradecimentos, a menos que sejam bastante substanciais (1000 dólares ou mais). Em vez de usarem o dinheiro para comprar alguma coisa de especial e memorável, os empregados tendem a usá-lo para pagar contas e depressa o esquecem.

Não esquecer as equipas

O erro do gestor 2 foi tentar reconhecer os esforços individuais com um reconhecimento geral ao grupo. É uma tática inútil.

Porém, quando a nossa equipa como um todo alcança objetivos, reconhecer-lhe o êxito é perfeitamente apropriado. E não se deve esperar que o projeto em questão esteja perto de se completar.

«No desporto, não esperamos que a equipa ganhe para aplaudir; celebramos cada passo que vai dando para a vitória», diz Gostick. «Nas empresas, todavia, há esta tendência para esperar até um projeto estar claramente a funcionar bem antes de se celebrar seja o que for.»

No arranque de um projeto, «devem estabelecer-se objetivos a curto prazo e manifestar-se a recompensa que a equipa receberá se os atingir», aconselha. Cada marco alcançado representa uma ocasião para celebrar o contributo de toda a gente para o esforço de grupo, reforçar a importância do projeto e reanimar o empenho da equipa em trabalhar em conjunto inventivamente e em colaboração na prossecução do objetivo final.

Quer se reconheçam os êxitos de uma equipa ou de um indivíduo, o reconhecimento pode ser um motivador fundamental no sentido de levar os nossos subordinados diretos ao nível seguinte.

Christina Bielaszka-DuVernay foi diretora do *Harvard Management Update*.

Adaptado de conteúdo publicado em hbr.org a 29 de fevereiro de 2008.

Secção 2
Avaliações de desempenho formais

Capítulo 8
Uma avaliação
de desempenho eficaz

por Rebecca Knight

QUANDO CHEGA A ÉPOCA DAS AVALIAÇÕES, já conhecemos a rotina. Arrastamos todos os que dependem de nós para uma sala de reuniões para entrevistas individuais, entregamos-lhes um documento de aspeto oficial e depois começamos a mesma e estafada conversa. Dizemos umas quantas coisas sobre aquilo em que o empregado é bom, depois algumas coisas desagradáveis sobre aquilo em que não é bom e, no fim – com o nosso mais solícito sorriso –, mais alguns afagos ao ego. Resultado: uma mensagem confusa que deixa até os melhores empregados desiludidos.

As nossas sessões de avaliação formal não precisam de ser tão enfadonhas – ou desconcertantes. Se adotarmos a abordagem certa, são uma excelente oportunidade para manter os que têm desempenhos já bons na rota correta, e depois numa curva ascendente, e reorientar os mais fracos.

O que dizem os especialistas

Para muitos empregados, uma avaliação presencial é a conversa de trabalho mais stressante do ano. Para os gestores, a discussão é

94 AVALIAÇÕES DE DESEMPENHO FORMAIS

igualmente tensa. «Uma avaliação requer que uma pessoa se sinta ajuizada por outra. Lá no fundo, é desconfortável», diz Dick Grote, autor de *How to Be Good at Performance Appraisals*. Avaliar o desempenho de alguém no seu trabalho deveria ser mais do que uma conversa anual, segundo James Baron, professor de Gestão da Cátedra William S. Beinecke da Escola de Gestão de Yale. A gestão de desempenhos, diz, é um processo: «Presumivelmente, um gestor dá uma quantidade tremenda de *feedback* em tempo real, e os seus empregados são pessoas que conhece bem. Seria de esperar que a sua relação pudesse sobreviver a um *feedback* franco.» Seja qual for o género de sistema de avaliação que a empresa use, eis várias estratégias que ajudam a tornar a época das avaliações menos enervante e mais produtiva.

Estabelecer cedo as expectativas

A avaliação não começa com uma conversa numa sala de reuniões. O gestor deve saber claramente à partida como vai avaliar os seus empregados. Grote sugere que o superior leve a cabo, no princípio do ano, sessões de «planeamento do desempenho» com cada um dos seus subordinados diretos para discutir os objetivos pessoais deles e as suas expectativas enquanto chefe. (Ver o capítulo 11, «Como estabelecer e apoiar os objetivos dos empregados».) «Verão uma imediata melhoria nos desempenhos porque toda a gente está ciente do que espera a chefia», diz. «E granjeia aos gestores o direito de pedir contas às pessoas no fim do ano.» Escutar cuidadosamente as ambições pessoais dos empregados ajudá-los-á a avaliar o trabalho deles. «Acontece muitas vezes que os gestores estão a avaliar um desempenho sem conhecerem exatamente as aspirações profissionais do subordinado. Assumimos muitas vezes que toda a gente quer ser CEO. Mas nem sempre é o caso», diz Baron. Perceber o que os nossos subordinados diretos querem das suas carreiras ajudar-nos-á a descobrir maneiras de melhorar as suas experiências profissionais.

Lançar as bases

Cerca de duas semanas antes da avaliação presencial, peçamos ao empregado que aponte umas quantas coisas que tenha feito durante o ano de que esteja orgulhoso. Isso não só nos avivará a memória, como «colocará um foco positivo num acontecimento que tantas vezes é conotado negativamente», explica Grote. A seguir, revejamos outras notas que tenhamos tomado ao longo do ano: um projeto bem executado; um prazo falhado; a forma hábil como lidou com um cliente difícil. Finalmente, peçamos o *feedback* de outras pessoas da empresa que trabalhem de perto com o empregado. «Quanto maior for o número de avaliações independentes melhor», diz Baron. Cerca de uma hora antes da reunião, devemos entregar ao nosso subordinado uma cópia da avaliação. Dessa maneira, ele poderá ter a sua primeira reação emocional – positiva ou negativa – na privacidade do seu cubículo. «Quando as pessoas leem a avaliação que delas fazem outros indivíduos, têm toda a espécie de emoções tumultuosas», diz Grote. «Deixemo-las tê-las no seu próprio tempo, dando-lhes uma possibilidade de pensar no assunto.» Depois, com a cabeça mais fria e calma, o empregado pode preparar-se para uma conversa de trabalho racional e construtiva.

Estabelecer o tom

As conversas presenciais tomam demasiadas vezes a forma de uma «sanduíche de *feedback*»: elogios, críticas, mais elogios. Porém, esta abordagem desmoraliza as nossas estrelas e encoraja enganadoramente os piores. Em vez disso, deve-se tomar partido. «Na sua maior parte, os trabalhadores são bons e sólidos, de modo que, para a vasta maioria, devemos concentrar-nos nas coisas que cada pessoa fez bem», diz Grote, acrescentando que este método tende a motivar os subordinados que já são competentes no seu trabalho. Para os trabalhadores marginais, contudo, não douremos a pílula das más notícias. As avaliações de desempenho são a nossa oportunidade de confrontar os mais fracos e exigir uma melhoria. «As pessoas são resilientes», diz Grote. «Com o passar do tempo, o

96 AVALIAÇÕES DE DESEMPENHO FORMAIS

funcionário não vai ser promovido e não terá aumentos de ordenado… Não lhe estamos a fazer nenhum favor ao [eludir as suas
deficiências].» (Para mais material sobre como lidar com aqueles
que não estão a corresponder às expetativas, ver o capítulo 14,
«Como ajudar os que não estão à altura».)

Coaching construtivo

Depois de discutir os pontos fortes e os êxitos dos empregados
competentes, perguntemos-lhes o que sentem a respeito do modo
como as coisas estão a correr. «Na maior parte dos casos, estamos a lidar com adultos com maturidade e obteremos a expressão
das suas sinceras preocupações», diz Grote. Tanto para empregados
bons como mais fracos, devemos formular o *feedback* em termos
do modelo «pare, comece e continue», sugere Baron. Que está o
empregado a fazer agora que não resulta? Que ações deve adotar
para ser mais bem-sucedido? Que está a fazer de altamente eficaz?
Centrar-se em comportamentos e não em atitudes retira o aspeto
pessoal à conversa. Deve dar-se conselhos específicos e elogios
objetivos. «Não digamos coisas como: "Tem de ser mais proativo."
Não quer dizer nada. Digamos antes algo assim: "Precisa de mais
iniciativa a procurar contactos com potenciais clientes." De igual
forma, é simpático dizer "É um inovador", mas ajuda saber em que
se reflete ao certo isso no que está a fazer», diz Baron.

Não recuar

As questões explosivas associadas às avaliações de desempenho
prendem-se com o dinheiro e a classificação. Se a empresa o
permitir, devemos manter separada da avaliação qualquer discussão de remunerações. «Mas, se tiver de ser, não se deve guardar a
informação salarial para o fim da conversa», diz Grote. «De outro
modo, durante todo o diálogo, haverá aquela vozinha na cabeça
do empregado sempre a perguntar: "Quanto?"» A classificação é
outra área de sentimentos potencialmente feridos. A maior parte
das empresas exige que se classifiquem os seus empregados – muitas
vezes numa escala de 1 a 5. O nosso objetivo é rever a informação

UMA AVALIAÇÃO DE DESEMPENHO EFICAZ 97

disponível e arriscar um juízo. Não esquecer: o sistema 1 a 5 não é análogo ao esquema escolar das notas; a maior parte dos empregados ficará a meio da escala, num 3. Isto pode deixar alguns deles desapontados, tomando-se como meramente «médios». Não nos rendamos. «No mundo empresarial estamos a lidar com um grupo altamente seletivo», diz Grote. «As regras do jogo mudaram. Na escola, um 3 era medíocre, mas um 3 no mundo do trabalho significa que o empregado está a corresponder às expetativas. É equivalente ao "par" do golfe.» Transmitir essa mensagem é um desafio de liderança. «As pessoas podem aceitá-la racionalmente, embora seja difícil de aceitar visceralmente», diz ele. «Por isso é tão importante ter uma reunião de planeamento do desempenho logo no princípio. Se atingirem os objetivos, têm um 3. É um objetivo.»

Princípios a reter

- Tornar claro no princípio do ano como serão avaliados os empregados através de sessões de planeamento do desempenho individual.
- Entregar aos empregados uma cópia da avaliação antes da reunião, de modo a que possam ter a sua primeira reação emocional em privado.
- Comunicar uma mensagem positiva aos que têm bom desempenho, centrando a conversa nos seus pontos fortes e acertos.
- Apontar os comportamentos do empregado que se quer que eles parem, comecem ou continuem.

Estudo de caso #1: Compreender as expetativas e estabelecer o tom certo

Ben Snyder (não é o seu nome verdadeiro), um expatriado que trabalha em Londres numa empresa de *media* globais, era novo no posto. Tinha herdado um subordinado, Jim, cuja principal tarefa consistia em viajar para África, Médio Oriente e Rússia a fim de desenvolver parcerias que em última análise originassem vendas para o grupo de Ben. Mas Jim não estava a produzir resultados.

«Durante as avaliações trimestrais, Jim e eu tivemos longas conversas sobre as suas abordagens e as grandes relações que estava a desenvolver. Eu dizia-lhe que me sentia muito satisfeito por tanta gente falar com ele, por ele estar a formar essas relações. Mas também o alertei para o facto de precisarmos de negócios tangíveis», explica Ben.

Isto aconteceu três trimestres seguidos: a mesma conversa, nenhum negócio. Ben estava sob crescente pressão: Jim andava a gastar muito dinheiro da empresa sem nenhum resultado visível.

«Eu precisava de lhe pregar um susto para ver se fazia alguma coisa. Na avaliação seguinte dei-lhe 90 dias para fechar um negócio.»

Nada mudou, e Jim foi despedido. «Mesmo quando nos sentámos com a gente dos RH e o despedimos ficou genuinamente surpreendido», recorda Ben.

Em retrospetiva, Ben diz que se excedeu em validar o espadeirar de Jim e não estabeleceu o tom certo durante as conversas que tiveram. «A mensagem não foi clara. O Jim só ouviu o que queria ouvir: o elogio positivo sobre a construção de relações. Ignorou a exigência de fechar negócios.»

Ben deveria também ter-se esforçado mais de início para perceber as especificidades do trabalho de Jim e estabelecer expetativas claras. «Era um negócio com o qual não estava familiarizado. Não sabia como o conduzir na direção certa porque não fazia bem ideia do que ele estava a fazer. Nunca me tinha sentado com ele a sério para definir o que deveria conseguir.»

Estudo de caso #2: Ser claro e específico

Lucy Orren (o nome foi mudado) trabalhou como diretora de desenvolvimento de negócios numa *start-up* de biotecnologia de New Jersey. Tinha como subordinado Peter, que, segundo Lucy, era «uma verdadeira estrela; inteligente, muito consciencioso e bom em tudo o que experimentava». Uma das maiores responsabilidades de Peter era fazer apresentações.

«Um dos vice-presidentes da minha empresa chamou-me a atenção para que Peter usava demasiadas vezes uma certa muleta verbal e, embora fosse um bom orador, era muito palavroso, o que às vezes o tornava lento. Acreditava que isso indiciava falta de energia. Pensei que era um problema relativamente menor, mas decidi referi-lo na avaliação.»

Contudo, durante a conversa cara a cara, Lucy amedrontou-se. «O Peter era tão bom no seu trabalho que tive relutância em fazer-lhe qualquer crítica», diz ela. «Tentei formular o conselho quando estávamos a discutir os seus pontos fortes. Não percebeu.»

Mesmo no fim do diálogo, Lucy destacou áreas a melhorar. Disse a Peter que tentasse ser mais animado durante as apresentações. Mas o conselho era vago de mais; Peter não percebeu o que fazer com aquela recomendação.

«As apresentações que fez a seguir foram bastante tempestuosas. Exagerou», recorda Lucy. Depois de uma delas, Lucy deu-se conta de que precisava de ser mais específica. Avisou-o da frase muleta e disse-lhe que falasse mais depressa.

«O Peter correspondeu e melhorou em todos os aspetos. Ainda usa a mesma muleta de vez em quando, mas as suas apresentações têm mais ímpeto.»

Rebecca Knight é jornalista independente em Boston e conferencista na Universidade Wesleyan. Os seus trabalhos têm sido publicados no *New York Times*, no *USA Today* e no *Financial Times*.

Adaptado de conteúdo publicado em hbr.org a 3 de novembro de 2011.

Capítulo 9
Gerir desempenhos difíceis de medir

por Jim Whitehurst

HÁ MUITO QUE ORGANIZAÇÕES de toda a espécie se debatem para medir com exatidão o desempenho dos seus funcionários. A abordagem típica consiste em aferi-lo por uma métrica normalmente ligada a se desempenharam ou não uma determinada tarefa e a quantidade de produto que geraram ao fazê-lo. Muita coisa depende dessas avaliações: desde aumentos de salário e pagamento de prémios a promoções. Ora, como sabe qualquer pessoa que tenha feito ou recebido uma avaliação tradicional, este processo pode ser altamente subjetivo – até nas organizações mais obcecadas pelas métricas.

Mas, então, que dizer dos tipos de trabalho em que medir a «produção» não passa por contar o número de parafusos, mas antes como se dirigiu uma equipa, se influenciou terceiros ou ajudou outros a colaborarem melhor? Embora possa ser fácil medir a produção de alguém numa linha de montagem, como decidimos o grau de qualidade da gestão de um gestor ou da liderança de um líder?

AVALIAÇÕES DE DESEMPENHO FORMAIS

No caso de uma organização como a Red Hat (onde sou CEO), que colabora com muitas comunidades de *software* de código aberto, como a Linux e a OpenStack, a resposta a estas perguntas é ainda mais difícil – como medir, por exemplo, o contributo de alguém para uma comunidade externa –, sendo que as avaliações tradicionais não servem para nada, a nosso ver. Construir *software* de código aberto para empresas, por exemplo, como fazemos na Red Hat, envolve colaborar com gente de fora da empresa que oferece voluntariamente os seus esforços. Isto significa que não podemos dar-lhes ordens ou dizer-lhes que trabalho fazer e quando. Podemos, isso, sim, é ir criando influência e confiança junto de outros membros da comunidade. Mas fazê-lo pode implicar que haja contributos que não oferecem produções ou resultados diretos. Não é um *quid pro quo* e não é fácil de localizar e medir.

As avaliações convencionais podem também prejudicar a agilidade da empresa e levar a oportunidades perdidas (ver a caixa «Instantâneo de desempenho da Deloitte»). Que acontece quando os objetivos de uma pessoa já não fazem sentido porque o panorama competitivo mudou, mas a classificação do seu desempenho (e, por extensão, a sua remuneração e oportunidades de promoção) assenta no cumprimento desses objetivos? Não é um sistema que promova a inovação.

Como é que se avalia sequer o desempenho de alguém nestes cenários?

Na Red Hat, desenvolvemos uma abordagem mais simples e flexível da avaliação, que não confina os gestores a medidas estreitas dos desempenhos.

Acordar os objetivos dos empregados

Concluímos que é essencial assegurar que os colaboradores e respetivos gestores estejam a ler pela mesma pauta no que respeita às responsabilidades e expetativas da função a desempenhar.

GERIR DESEMPENHOS DIFÍCEIS DE MEDIR 103

Encorajamos os colaboradores a identificarem o que é importante e a estabelecerem objetivos individuais que contribuam para a missão e estratégia da empresa. Recomendamos um processo regular de acompanhamento que mantenha gestores e colaboradores em sintonia. Verificámos que é melhor, contudo, deixá-los determinar a frequência dessas reuniões. Algumas realizam-se semanalmente, outras numa base mensal ou trimestral.

Ouvir terceiros

Para medir o cumprimento desses objetivos, baseamo-nos não só nas observações do gestor, mas também na avaliação informal dos pares e comunidades de colaboradores. Prestamos atenção às suas reputações e a como são vistos pelos outros. Observamos o âmbito e qualidade da sua influência. O resultado é que em vez de «gerirem para cima», a fim de terem uma boa avaliação do chefe, os «Red Hatters» respondem perante a comunidade como um todo.

Centrar-se nas oportunidades, não em marcar pontos

Os nossos colaboradores são gente talentosa e apaixonada. Não queremos que se fixem num número ou numa letra de classificação, de modo que não lhes entregamos uma pontuação final que resuma o seu desempenho no ano anterior. Centramo-nos, em vez disso, em desenvolver os seus pontos fortes e aumentar-lhes as capacidades. Aconselhamos os gestores a darem *feedback* contínuo, em tempo real, ao longo de todo o ano e a usarem a avaliação anual como uma oportunidade para refletir sobre tudo o que os seus colaboradores realizaram, aprenderam pelo caminho e que oportunidades prosseguirão nos meses vindouros. Ao contrário de muitas empresas, não esperamos que os nossos gestores encaixem as pessoas numa «curva normal» com um número máximo de bons e maus desempenhos. Em vez disso, dizemos-lhes que prestem atenção tanto ao desempenho como ao potencial,

104 AVALIAÇÕES DE DESEMPENHO FORMAIS

centrando-se em conectar a sua gente com oportunidades para crescer e se desenvolver.

Instantâneo de desempenho da Deloitte

por Marcus Buckingham e Ashley Goodall

Na Deloitte estamos a redesenhar o sistema de gestão do desempenho. Como muitas outras empresas, temos consciência de que o atual sistema para avaliar o trabalho do pessoal – e depois formá-lo, promovê-lo e pagar--lhe em conformidade – está cada vez mais em desacordo com os nossos objetivos.

Num inquérito que a Deloitte conduziu recentemente, mais de metade dos executivos interrogados (58%) pensa que a atual abordagem não leva ao empenho dos empregados nem a um alto desempenho. Todos precisamos de uma coisa mais ágil, em tempo real e individualizada – uma coisa que, sem reticências, se foque mais em alimentar o desempenho futuro do que em avaliar o do passado.

Surpreendente, contudo, é o que incluiremos no novo sistema da Deloitte e o que não incluiremos. Não terá objetivos em cascata, nenhuma avaliação anual e nenhuma ferramenta de *feedback* 360. Chegámos a uma conceção muito mais simples e diferente de gestão do desempenho. As suas marcas distintivas são a rapidez, a agilidade, uma única medida para todos e uma constante aprendizagem; assenta, além disso, numa nova maneira de coligir informação sobre desempenho que é segura.

Em lugar de pedir a mais gente a sua opinião sobre cada elemento da equipa (num inquérito 360 ou *feedback* para cima, por exemplo), concluímos que só precisamos de inquirir o *team leader* imediato – mas, o que é crucial, temos de lhe fazer um tipo diferente de pergunta. As pessoas podem ser inconsistentes a classificar as aptidões alheias, mas são altamente consistentes quando classificam os seus próprios sentimentos e intenções. Para observar o desempenho a nível individual não vamos, assim, fazer perguntas ao *team leader* sobre as *aptidões* de cada membro da equipa, mas sim sobre as suas *próprias ações futuras* em relação a essa pessoa.

No fim de cada projeto (ou uma vez por trimestre nos projetos de mais longa duração), pediremos aos *team leaders* que reajam a quatro afirmações focadas no futuro em relação a cada membro da equipa:

1. Tendo em conta o que sei do desempenho desta pessoa, e se o dinheiro fosse meu, atribuir-lhe-ia o maior aumento de ordenado e prémio possível.
2. Tendo em conta o que sei do desempenho desta pessoa, quereria mantê-la sempre na minha equipa.
3. Esta pessoa está em risco por mau desempenho.
4. Esta pessoa está pronta para ser promovida hoje.

Estamos, na verdade, a perguntar aos *team leaders* o que *fariam* eles com cada um dos membros da equipa em vez lhes inquirirmos o que *pensam* sobre o indivíduo. Quando agregamos esses pontos de informação ao longo de um ano, ponderando cada um consoante a duração de um dado projeto, produzimos um imenso fluxo de informação para a discussão dos líderes sobre o que eles, por sua vez, farão – quer seja em matéria de planeamento da sucessão, quer de caminhos de desenvolvimento ou de análise do padrão de desempenho.

Além destes dados consistentes – e mensuráveis –, queremos, quando se trata de remunerações, ter em conta aspetos não mensuráveis, tais como a dificuldade dos projetos atribuídos num determinado ano e os contributos para a organização à margem dos projetos formais. De modo que os dados servirão de ponto de partida para definir a remuneração e não de ponto de chegada. A determinação final será feita por um líder que conhece pessoalmente todos os indivíduos ou por um grupo de líderes a considerar um segmento inteiro da nossa atividade e, em paralelo, muitos pontos de informação

Poderíamos chamar classificação a esta nova avaliação, mas não tem qualquer semelhança, na sua origem ou no seu uso, com as classificações do passado. Chamamos-lhe «instantâneo de desempenho» porque nos permite captar rapidamente o desempenho num dado momento.

Adaptado de «Reinventing Performance Management» (*Harvard Business Review*, abril 2015), reimpressão #R1504B.

Marcus Buckingham fornece ferramentas de gestão e formação para diversas organizações. É autor de vários livros muito vendidos e de *StandOut 2.0: Assess Your Strengths, Find Your Edge, Win at Work* (Harvard Business Review Press, 2015).

Ashley Goodall é diretor de desenvolvimento de liderança na Deloitte Services LP, sediada em Nova Iorque.

Enfatizar os feitos, não apenas a promoção

Finalmente, quando se trata de promoções, aumentos e prémios, não forçamos os gestores a aplicar uma matriz de méritos ou uma fórmula rígida. A invés disso, damos-lhes flexibilidade para tomar decisões que sejam acertadas para a sua equipa. Isto quer dizer que os nossos gestores não têm de registar classificações inexatas para «manipular o sistema», um problema que diversas empresas enfrentam.

A maneira convencional de premiar os que se distinguem no seu desempenho consiste em promovê-los a lugares de gestão. Isto cria muitas vezes um exército de gestores ineficazes e pouco empenhados. Mas nós abraçámos o conceito de uma «carreira de sucessos», além de uma «carreira de promoções». Alguns dos mais influentes líderes da nossa organização não têm grandes títulos ou sequer subordinados diretos. São especialistas que ajudam a moldar a direção e as prioridades da Red Hat e de comunidades-chave do mundo do código aberto por meio dos seus contributos e da sua liderança intelectual.

Um grande exemplo é Máirín Duffy, uma das *designers* do nosso *interface*. Máirín começou a trabalhar na Red Hat como estagiária, juntando-se a nós a tempo inteiro em 2005, depois da sua licenciatura. Embora tenha dado um contributo extraordinário ao nosso produto nuclear, o Red Hat Enterprise Linux, granjeou também uma reputação estelar em toda a empresa (bem como nas comunidades do código aberto) pelo seu contributo inteligente e fundamentado nas conversas em listas de *mailings* de todo o tipo, desde a carta de missão da Red Hat até debates internos controversos.

Foi um caso que envolvia um destes debates que levou a vice- -presidente executiva e principal responsável pelo pessoal da Red Hat, DeLisa Alexander, a propor a Máirín que se manifestasse sobre um projeto que estava em cima da mesa. Por outras palavras, um alto dirigente da empresa dirigiu-se a alguém que trabalhava mais de perto com a linha da frente para recolher *feedback* sobre uma

GERIR DESEMPENHOS DIFÍCEIS DE MEDIR 107

decisão bastante importante para toda a empresa, porque sabia que Máirín podia ser decisiva para o sucesso ou o insucesso da decisão final, em virtude do seu nível de influência.

Uma avaliação tradicional nunca poderia ter captado o tipo de influência que Máirín granjeara dentro da nossa organização e das comunidades em que participamos. Mesmo uma avaliação 360 dos seus pares imediatos não revelaria o impacto de Máirín. Porém, na Red Hat toda a gente sabe quem ela é, pois os seus contributos moldam muitas áreas da empresa. Com um processo de gestão dos desempenhos que enfatiza o desenvolvimento individual, a influência e a inovação, a Red Hat consegue reter e apaixonar colaboradores talentosos como Máirín.

Jim Whitehurst é presidente e CEO da Red Hat, a fornecedora líder no mundo de produtos e soluções empresariais de IT, e autor do livro *The Open Organization* (Harvard Business Review Press, 2015).

Adaptado de conteúdo originalmente publicado em hbr.org em 11 de maio de 2015.

Capítulo 10
Deixemos de nos preocupar com os pontos fracos dos nossos empregados

por Peter Bregman

O NOSSO FILHO CHEGA A CASA CERTO DIA, baixa os olhos e entrega-nos as notas. Sorrimos-lhe ao abri-las e olhamos para elas. O sorriso desaparece de imediato, quando vemos uma negativa a Matemática. Vemos também um muito bom (a Inglês) e dois bons (a História e Ciências). Olhamos para ele e perguntamos: «Que aconteceu com a Matemática, Johnny? Como é que tiveste esta negativa?»

Queremos que os nossos filhos sejam bem-sucedidos em tudo. E, se não forem bons nalguma coisa, perguntamos-lhes porque falharam. Pedimos-lhes que se esforcem mais. Que percebam o que correu mal, se concentrem e o remedeiem.

Mas isso é um erro. O foco errado. Recrear-se no fracasso de Johnny, nas suas fraquezas, é condená-lo a uma vida de luta e pouca autoestima, reduzindo ao mesmo tempo as suas possibilidades de realizar todo o seu potencial.

E não se corrigirá o seu ponto fraco. Este apenas sairá reforçado.

AVALIAÇÕES DE DESEMPENHO FORMAIS

O que as pessoas dizem em hbr.org

Um grande gestor reconhece os pontos fortes dos seus empregados e colo-ca-os em posição de triunfar. **A avaliação serviria melhor a empresa se fosse menos uma caderneta de notas e mais uma sessão de *coaching*.** O gestor deve concentrar-se em fornecer ao empregado os recursos neces-sários (no seu exemplo, alguém que adora folhas de cálculo) e remover os obstáculos, de modo a que este possa ter êxito. Caso esteja na posição certa, é muitas vezes o gestor que é o obstáculo ao seu sucesso.
—Publicado por Ted

Isto é uma abordagem fantástica da gestão e motivação dos empregados. Se a levarmos um pouco mais longe e partilharmos os pontos fortes de um determinado empregado com toda a equipa, os colegas começam a ver as qualidades singulares de cada um dos elementos. Começam até a confiar uns nos outros sob novos aspetos. Focando-nos nos pontos fortes deixamos que as qualidades de cada empregado brilhem; a produtividade aumenta e a confiança cresce.
—Publicado por Amy

Alguns comentários criticaram o seu exemplo da vendedora e da folha de cálculo. Eu, porém, verifico que na verdade me torno mais competente em áreas em que sou fraco ao fazer equipa com um perito que faz o trabalho e também mo explica em termos que sou capaz de perceber.
—Publicado por Mary

Sou *coach* de técnicas de apresentação [e] tento sempre ensinar as pessoas a centrarem-se nos seus pontos fortes e partirem daquilo que fazem bem. Quanto mais confiantes e confortáveis se sentirem, mais os seus «pontos fracos» desaparecerão. As pessoas pedem muitas vezes críticas construti-vas e querem saber o que estão a fazer mal. Não estão a fazer nada «mal». Podem ser ensinadas a fazer uma coisa em moldes «diferentes», assim compensando as suas insuficiências (temporárias).
—Publicado por Steve

O problema da «caderneta» é que mede todos os estudantes pelos mesmos critérios, ignorando que cada um é diferente – com talentos singulares, gostos distintos, desagrados e, especialmente,

DEIXEMOS DE NOS PREOCUPAR COM OS PONTOS · 111

ambições particulares. Quando vemos a negativa a Matemática na caderneta de Johnny, é-nos fácil deixar-nos desviar da nossa tarefa principal: ajudá-lo a gozar profundamente a sua vida e a realizar o seu potencial, desenvolvendo e retirando prazer dos seus talentos únicos.

Avancemos 20 anos. Johnny é agora adulto. Ao sentar-se para uma entrevista de avaliação com a sua chefe, ela gasta uns minutos silenciosos a estudar as notas e depois levanta os olhos e encara-o: «Trabalhou afincadamente este ano, John. A sua orientação para os clientes é soberba. Cumpriu os objetivos de vendas e tem um magnífico espírito de equipa. Porém, há uma área que precisa de ser desenvolvida, especificamente a sua orientação em matéria de pormenores. As folhas de cálculo que nos faz chegar são uma trapalhada. Vamos falar de maneira a de que faça isso melhor.»

Um muito bom, dois bons e uma negativa. E a diretora trata a situação da mesma maneira que pai dele tratou, centrando a conversa, e o esforço de John, na área de que ele menos gosta e onde é mais fraco.

Temos um problema de «caderneta de notas» nas nossas empresas e está a custar-nos uma grande quantidade de tempo, dinheiro, potencial e satisfação. Está a custar-nos talento.

Os sistemas tradicionais de gestão encorajam a mediocridade em tudo e a excelência em nada. Na sua maioria, as avaliações estabelecem um retrato ideal de como queremos que toda a gente se comporte (critérios, competências e por aí fora) e depois aferem até que ponto as pessoas correspondem a esse ideal, forçando-as a melhorar os seus pontos fracos de modo a «corresponder às expetativas ou a excedê-las» em todas as áreas.

Porém, como acrescentará John valor à sua organização? É assombroso no trato com as pessoas, não com as folhas de cálculo. Trabalhará com mais afinco, retirará o máximo prazer e contribuirá com o seu máximo potencial, com o maior dos resultados, se puder focar-se o máximo de tempo possível na sua área forte.

O que significa desviar a atenção do desenvolvimento das coisas em que é fraco. Não passam de uma distração. Eis o que a sua

112 AVALIAÇÕES DE DESEMPENHO FORMAIS

diretora deveria dizer: «Trabalhou afincadamente este ano, John. A sua orientação para os clientes é soberba. Cumpriu objetivos de vendas e tem um magnífico espírito de equipa. Mas trabalhar em folhas de cálculo não é um bom uso do seu tempo. Vou pedir ao David que a partir de agora as faça por si. Adora-as e é ótimo. Quero que o resto desta conversa em centre em como pode melhorar ainda mais a sua relação com os clientes. É nisso que brilha – onde mais valor acrescenta à empresa – e parece que tem mesmo prazer nisso.»

Uma organização deveria ser uma plataforma para talentos singulares. Um sistema de avaliação deveria ser suficientemente flexível para refletir e recompensar os contributos bem-sucedidos de empregados muito variados. Reconheçamos que ninguém pode ser ótimo em tudo – e apliquemos todos os nossos esforços em desenvolver mais os pontos fortes de cada qual.

Se for impossível retirar a parte do trabalho em que são fracos, ajudemo-los, então, a melhorar apenas o suficiente para não obstruir os seus pontos fortes. Se não for possível tirar as folhas de cálculo a John, ajudemo-lo a ter um suficiente e passar adiante. Será preferível a gastar o tempo e o esforço que seriam necessários para ter um Muito Bom ou mesmo um Bom.

Peter Bregman é CEO de Bregman Partners, uma empresa que reforça a liderança nas pessoas e nas organizações através de programas (incluindo o *Bregman Leadership Intensive*), *coaching* e como consultor de CEO e das suas equipas de liderança. Autor do *bestseller 18 Minutes*, o seu livro mais recente é *Four Seconds*.

Adaptado de conteúdo publicado em hbr.org em 19 de maio de 2009.

Capítulo 11
Como estabelecer
e apoiar os objetivos
dos empregados

por Amy Gallo

AO PENSARMOS SOBRE COMO DEVERIAM estar a desenvolver-se os empregados e como se afigura o futuro deles, temos de pensar também nos objetivos a que deveriam aspirar. Os empregados querem ver como o seu trabalho contribui para os objetivos mais amplos da empresa, sendo que estabelecer as metas certas torna essa relação explícita para eles e para os seus gestores. Uma reunião de planeamento de desempenhos pouco tempo depois de uma sessão de avaliação proporciona-nos a oportunidade de colaborar com os nossos subordinados diretos nos objetivos para o ano, visto que aquilo em que eles precisam de melhorar ainda estará fresco na nossa memória. Nessa conversa, pode ser discutida não só a nossa perceção daquilo a que os empregados devem dedicar tempo, mas também o que eles querem para a sua própria carreira e como vão atingir esses marcos.

O que dizem os especialistas

Em que medida devemos ajudar os nossos empregados a estabelecer e atingir os seus objetivos? Dado que o fracasso em alcançá-los pode ter consequências para nós, para o nosso empregado e para a nossa equipa, bem como para toda a organização, é preciso equilibrar o nosso envolvimento com a propriedade do processo que pertence ao empregado. Linda Hill, coautora de *Being the Boss: The 3 Imperatives for Becoming a Great Leader,* diz: «A função de um gestor consiste em proporcionar uma "autonomia coadjuvante" apropriada às aptidões da pessoa.» A chave está em ter as mãos na massa ao mesmo tempo que se dá aos outros o espaço de que precisam para serem bem-sucedidos por si próprios. Eis alguns dos princípios a seguir quando se explora a melhor maneira de elaborar objetivos e apoiar a nossa equipa na consecução dos seus fitos.

Ligar os objetivos dos empregados aos objetivos mais amplos da empresa

Para que tenham significado e sejam eficazes na motivação dos empregados, os objetivos devem estar associados às ambições mais amplas da organização. É mais provável que os empregados que não compreendem o papel que desempenham no êxito da empresa percam o empenho. «Alcançar objetivos é muitas vezes uma questão de trocar umas coisas por outras quando algo não corre como planeado. [Os empregados] precisam de perceber o quadro mais amplo para fazer essas trocas sempre que as coisas correm mal», diz Hill. Seja qual for o nível a que estejam, deveriam ser capazes de compreender ao certo como os seus esforços concorrem para a estratégia mais geral da empresa.

Tornar os objetivos viáveis, mas desafiantes

Visto que, em última instância, os empregados são responsáveis por alcançar os seus objetivos, precisam de ter uma forte palavra a dizer no seu estabelecimento. Urge, porém, que sejam apoiados ao longo deste processo por meio de informação e orientações quanto ao que a empresa pretende alcançar. Devemos pedir aos nossos empregados que proponham objetivos que contribuam diretamente para a missão da organização. Uma vez sugerida por eles uma lista inicial, há que discutir se os objetivos são realistas e suficientemente desafiantes. «Os objetivos que esticam a corda emergem de um processo de negociação entre o empregado e o gestor», diz Srikant M. Datar, professor da cátedra Arthur Lowes Dickinson de Contabilidade da Universidade de Harvard. É preciso cuidado, no entanto: é provável que os membros de uma equipa fiquem ressentidos se insistirmos em objetivos demasiado ambiciosos. Mas também não devemos apontar baixo de mais. Quando somos excessivamente cautelosos, perdemos oportunidades e resignamo-nos à mediocridade. «Quando bem elaborados, objetivos que esticam a corda criam uma grande dose de energia e de dinamismo numa organização», afiança Datar. No entanto, quando mal elaborados, «não alcançam o fito a que se destinavam de motivar os empregados e de os ajudar a melhores desempenhos». Pior, objetivos mal estabelecidos podem minar o moral e a produtividade dos empregados, assim como o desempenho da organização em geral.

Planear o êxito

Uma vez estabelecido um objetivo, pede-se ao empregado que explique como planeia atingi-lo. Ele que o fracione em tarefas e estabeleça objetivos intermédios, especialmente se for um projeto grande ou a longo prazo. Tem de se lhe perguntar: «Quais são os marcos relevantes?» «Quais são os possíveis riscos e como planeia geri-los?» Porque os objetivos raramente são prosseguidos num vácuo, Hill sugere que ajudemos «os empregados a compreender de quem dependem para os alcançar». Depois, há que resolver com eles como melhor influenciar tais pessoas para que o trabalho seja feito.

Monitorizar o processo

Mantermo-nos em cima do progresso dos empregados ajudará a afastar percalços logo de início. «Muitas vezes, arranjamos problemas porque não indicamos que somos parceiros na obtenção dos objetivos», diz Hill. Não se deve esperar pelo momento da avaliação ou pela conclusão de um projeto para fazer verificações. Até os empregados de alto rendimento precisam de *feedback* e *coaching* contínuos. Devemos perguntar aos nossos subordinados que tipo de monitorização e *feedback* lhes será mais útil, especialmente se a tarefa for particularmente desafiante ou algo que estejam a fazer pela primeira vez.

Dar assistência na resolução de problemas

Muito poucos de nós alcançam os seus objetivos sem alguns tropeços pelo caminho. É preciso que se criem relações com os empregados de modo a que se sintam confortáveis para abordar os superiores se e quando surgirem problemas. Se os empregados encontrarem um obstáculo imprevisto, o objetivo pode carecer de reformulação. Antes, todavia, devemos pedir-lhes que nos tragam uma solução potencial de modo a dar-lhes *coaching* e aconselhamento. Se os esforços deles fracassarem, será necessário que nos envolvamos mais.

Esculpir objetivos personalizados

Alguns gestores não pensam no que um empregado está a tentar realizar pessoalmente no contexto do seu trabalho. «Se eu tiver em conta os interesses da pessoa total, não apenas da pessoa que trabalha, vou retirar mais valor dela», diz Stewart D. Friedman, autor de *Total Leadership: Be a Better Leader, Have a Richer Life*. Se um empregado, por exemplo, manifestou interesse em ensinar, mas isso não faz parte das suas funções, talvez seja possível encontrar maneira de esculpir o trabalho de modo a incluir oportunidades para formar os pares ou colegas menos experientes. (Ver a caixa «Escultura de tarefas».)

Escultura de tarefas

por Timothy Butler e James Waldroop

Esculpir tarefas é a arte de casar pessoas com trabalhos, graças a uma carreira profissional feita à medida e que exprime os seus interesses mais profundamente arraigados – aumentando a possibilidade de se reter pessoas talentosas numa empresa. Visto que uma avaliação eficaz se dedica a discutir anteriores desempenhos e planos para o futuro, representa uma ocasião oportuna para «esculpir» tarefas.

Os gestores não precisam de formação especial para tal. Precisam apenas de começar a ouvir mais atentamente quando os empregados descrevem o que lhes agrada e lhes desagrada no seu trabalho. Consideremos o caso do diretor de uma farmacêutica, que gere 30 vendedores. Numa sessão de avaliação, uma das suas subordinadas menciona de passagem que a sua parte favorita do ano anterior fora ajudar o departamento a encontrar um escritório novo e a negociar o arrendamento. No passado, o executivo teria prestado pouca atenção a esse comentário. No fim de contas, que tinha aquilo que ver com o desempenho da mulher em matéria de vendas? Porém, ouvindo com ouvidos de escultor de tarefas, o executivo aprofunda mais, perguntando: «Em que aspeto foi divertido para si procurar um novo escritório? Em que foi isso diferente do seu dia a dia?» A conversa revelou que a vendedora estava de facto muito insatisfeita e entediada com o atual cargo, ponderando despedir-se. Na verdade, ansiava por um trabalho que fosse ao encontro dos seus mais profundos interesses, que tinham que ver com *influenciar através da linguagem, das ideias* e da *produção criativa*. O trabalho de vendas abrangia a primeira parte, mas a sua criatividade só se podia exprimir completamente quando tinha a possibilidade de pensar na localização, no desenho e na disposição do novo escritório. O diretor ajudou a subordinada a mudar-se para um cargo, cuja principal função consistia em conceber materiais de *marketing* e publicidade.

Além de ouvirem cuidadosamente e fazerem perguntas inteligentes durante a avaliação, os gestores podem pedir aos empregados que desempenhem um papel ativo na escultura das tarefas – antes de começar a reunião. Na maior parte dos contextos empresariais, a preparação do empregado para a avaliação inclui uma apreciação escrita das suas realizações, objetivos para o período da próxima avaliação, áreas de competências a necessitar de

118 AVALIAÇÕES DE DESEMPENHO FORMAIS

desenvolvimento e planos para alcançar tanto objetivos como crescimento. Durante a avaliação, esta apreciação é comparada com a apreciação do supervisor.

Porém, imaginemos o que aconteceria se fosse também esperado que os empregados escrevessem as suas opiniões pessoais sobre satisfação profissional. Imaginemos que eles preparavam alguns parágrafos sobre o género de trabalho que adoram ou descreviam as suas atividades favoritas no trabalho que fazem. Porque tanta gente não tem consciência dos seus mais profundos interesses na vida – para não falar de não estar acostumada a discuti-los com os seus diretores –, de início, tais exercícios poderão não ser fáceis. No entanto, seriam um excelente ponto de partida para uma discussão, permitindo em última análise que os empregados falassem mais claramente sobre o que querem do seu trabalho, tanto a curto como a longo prazo. E essa informação ajudaria até os gestores melhores a esculpir tarefas.

Uma vez discutidos os mais profundos interesses na vida dos empregados, é chegada a altura de afeiçoar o trabalho a desempenhar em conformidade. Nos casos em que os colaboradores só requeiram uma pequena mudança nas suas atividades, isso pode significar acrescentar uma nova responsabilidade às que já têm. Um engenheiro que, por exemplo, manifesta um profundo interesse em *aconselhar e ser mentor* de alguém poderá ser encarregado de planear e gerir a orientação de novas contratações. Ou um planificador na área da logística com um profundo interesse pessoal em *influenciar por meio da linguagem e das ideias* poderá ser encarregado de trabalhar no recrutamento nas universidades. O objetivo seria aqui proporcionar alguma satisfação imediata através de uma mudança no trabalho verdadeira e iniciar o processo de deslocar essa pessoa para um papel que a satisfaz mais profundamente.

Adaptado de «Job Sculpting: The Art of Retaining Your Best People» (*Harvard Business Review*, September–October 1999), reimpressão #99502.

Timothy Butler é diretor de Programas de Desenvolvimento Profissional na Harvard Business School e autor de *Getting Unstuck: How Dead Ends Become New Paths*.

James Waldroop é um dos fundadores da firma Peregrine Partners.

O primeiro passo consiste em perceber quais são esses objetivos. Há que perguntar aos empregados se têm aspirações pessoais que queiram partilhar. Sem os pressionar; só as devem partilhar se se sentirem confortáveis. Friedman sugere que depois se pergunte: «Que ajustamentos poderíamos experimentar para o ajudar?» Isto permite ao empregado manifestar a sua solução. Tal como em relação aos objetivos da função, é preciso assegurarmo-nos de que estes outros dão um contributo à equipa, unidade ou empresa. «A experiência tem de ser um empenho partilhado e é uma responsabilidade mútua verificar como está a correr. Tem de ser um ganho para todos», explica Friedman.

Pedir contas a todos – incluindo nós

Haverá alturas em que, mesmo com o melhor apoio, os empregados não atingem os seus objetivos. Hill recomenda: «Todos são responsáveis. Não se pode dizer: "É pá, grande azar." É preciso averiguar o que correu mal e porquê.» Importa discutir com o empregado o que aconteceu e o que cada um acha que correu mal. Se a situação poderia ter sido controlada por ele, temos de lhe pedir que aplique as soluções que foram discutidas, tentando novamente atingir o objetivo e fazendo verificações mais frequentes. Se foi alguma coisa fora do controlo dele ou se o objetivo era ambicioso de mais, temos de reconhecer o nosso desapontamento, mas sem insistir nisso. «Fazer o diagnóstico, tirar a lição, passar adiante», aconselha Hill.

Como foi discutido no capítulo 5, «A síndrome do fracasso programado», é possível que tenhamos contribuído para o problema. Estejamos dispostos a refletir sobre o nosso papel no fracasso. Fomos demasiado distantes e não acompanhámos com a devida frequência? Não fiscalizámos o trabalho atempadamente? Tenhamos uma conversa franca sobre o que fazer da próxima vez. «Se não pedirmos contas a nós próprios, os outros terão problemas connosco», diz Hill.

Princípios a ter em mente

Devemos:

- Ligar os objetivos individuais aos objetivos mais amplos da organização.
- Mostrar aos empregados que somos parceiros na consecução dos seus objetivos.
- Conhecer e incorporar os interesses pessoais dos empregados nos seus objetivos profissionais.

Evitemos:

- Permitir aos empregados estabelecerem sozinhos os seus objetivos.
- Dar rédea solta aos mais produtivos.
- Ignorar os fracassos.

Estudo de caso: um parceiro na consecução de objetivos

Meghan Lantier é conhecida na Bliss PR por ser uma *coacher* nata. Como vice-presidente responsável pelos serviços financeiros da firma, dirige vários gestores de conta seniores, incluindo Shauna Ellerson (não é o verdadeiro nome dela). Meghan supervisiona-lhe o trabalho desde que ela entrou para a Bliss há quatro anos e meio. Desde o início que estabelecem os objetivos através de um processo colaborativo: Shauna elabora propostas de objetivos, Meghan apresenta aqueles em que acha que Shauna tem de se concentrar e depois identificam entre si os que coincidem. «Quero assegurar-me de que são geríveis, mas também se esticam um tanto», diz Meghan. As duas fazem regularmente uma revisão dos objetivos. Meghan usa uma abordagem «mãos na massa», tecendo comentários regulares a Shauna. Também se reúnem pelo menos quatro vezes por ano para uma discussão mais formal sobre as ambições desta última.

COMO ESTABELECER E APOIAR OS OBJETIVOS   121

Um dos objetivos de Shauna é tornar-se líder de ideias numa das maiores contas da firma. Já domina o trabalho quotidiano na gestão desse cliente e agora precisa de se centrar no quadro mais amplo da conta. Shauna está há já vários meses a trabalhar neste fito, falando mais vezes nas reuniões com o cliente e comentando mais o conteúdo, e não apenas o processo, do seu trabalho. «Não precisamos de uma sessão de revisão de objetivos. Dou-lhe *feedback* constante no contexto do nosso trabalho», diz Meghan.

Meghan também sabe que, em última análise, é Shauna que é responsável pelos seus próprios êxitos. «Estou totalmente investida em fazer isto funcionar, mas tenho consciência das minhas limitações como diretora para o fazer», afiança. Não tem sido necessário falar sobre as consequências se Shauna não conseguir atingir o objetivo – há consequências naturais numa cultura de alto desempenho como a da Bliss. Quem não se sai bem, não obtém os trabalhos mais apetecíveis.

Amy Gallo é colaboradora permanente da *Harvard Business Review* e autora do *Guia HBR da gestão de conflitos no trabalho*.

Adaptado de conteúdo publicado em hbr.org em 7 de fevereiro de 2011.

Capítulo 12
Quando outorgar uma promoção ou um aumento

por Amy Gallo

OS GESTORES QUE QUEREM DISTINGUIR empregados pelo seu bom trabalho dispõem de muitas ferramentas. Uma das maneiras mais tradicionais de premiar um trabalhador excecional consiste em dar-lhe uma promoção, um aumento de ordenado ou ambas as coisas. Mesmo que não se fale abertamente sobre isto nas sessões de avaliação (como se discute no capítulo 8, «Uma avaliação de desempenho eficaz»), é muitas vezes uma coisa em que um gestor pensa – ou sobre a qual um empregado pergunta – por altura da época das avaliações formais.

Mas como saber se alguém está realmente preparado para o próximo desafio ou é merecedor desse aumento salarial? As políticas de recursos humanos e a cultura da empresa ditam muitas vezes quando e como se sobe. No entanto, os gestores de grande parte delas têm muito a dizer sobre a decisão e, nalguns casos, são os decisores últimos. Quer se tenha ou não essa autoridade, é preciso fazer com que promoções e aumentos façam parte de uma discussão contínua com os empregados sobre o seu desempenho.

O que dizem os especialistas

Segundo Herminia Ibarra, professora da Cadeira Cora de Liderança e Aprendizagem e diretora da Faculdade de Iniciativa de Liderança do INSEAD, «os diretores sentem-se muitas vezes responsáveis por encontrar o próximo passo para o seu pessoal dentro da organização». Devem tomar com cuidado essas decisões sobre promoções e aumentos. «Penso que um indicador muito forte da cultura central de uma organização consiste em quem ela promove», diz Susan David, codiretora do Instituto de Coaching, diretora fundadora de Evidence Based Psychology. Os gestores deveriam reconhecer que a escolha de quem eles promovem envia um sinal ao resto da organização. Por conseguinte, precisam de ter a certeza de que estão a subscrever comportamentos alinhados com os valores da organização. Um empregado que, por exemplo, exceda os seus objetivos, mas trate mal os elementos da sua equipa não deveria ser premiado numa organização que valoriza o trabalho de equipa.

De igual forma, os moldes em que uma empresa promove as pessoas têm implicações para o êxito de cada indivíduo. As organizações assumem muitas vezes que uma promoção deverá envolver a atribuição aos melhores de responsabilidade pela gestão de mais gente e por desenvolver estratégias – em vez de simplesmente as executar. «Mas estas não são áreas em que toda a gente seja um génio. Muitas organizações perdem alguns dos seus melhores operacionais porque criam trilhos únicos para o êxito organizacional», diz David. É possível recompensar os colaboradores de outras maneiras. «As organizações [que] criam trilhos múltiplos e flexíveis para o êxito conservam a sua melhor gente, mantêm-na empenhada e por mais tempo», diz ela. Da próxima vez que tentemos decidir se havemos de distinguir um forte desempenho com uma promoção ou um aumento, devemos seguir estes princípios.

Apreciar o desempenho atual usando múltiplas fontes

Como primeiro passo, devemos assegurar-nos de que o empregado é capaz de desempenhar o cargo para o qual estamos a pensar promovê-lo. Há que considerar o seu desempenho. «Mesmo no presente cargo haverá indicadores que mostram como lidará com o novo papel», diz David. Recomenda-se que se use um *feedback* de múltiplas fontes: devemos recorrer não só à nossa própria apreciação, mas também à de outros. É especialmente importante procurar a informação de quem interage com o empregado de maneiras distintas das nossas. Falar com colegas, membros da equipa e pessoas que dirige. Nalguns casos, podemos descobrir que ele já está a desempenhar partes do seu novo cargo. «Certas pessoas executam o seu trabalho tal como ele é descrito e outras ampliam as funções; inovam em torno dos parâmetros. Essa é a melhor informação de todas – quando já estão a executar o trabalho», diz Ibarra.

Considerar o equilíbrio «competência-desafio»

«Todos queremos ser e sentir-nos bons em tudo. Temos também necessidade de sentir que estamos a crescer e a aprender», diz David. Um bom indicador de que podemos promover alguém consiste no facto de esse alguém exprimir o desejo de aprender mais e acometer novos desafios. A discussão para estabelecer objetivos ajudar-nos-á a aferi-lo. As pessoas particularmente boas nos seus trabalhos são capazes de dominar rapidamente as suas tarefas e precisam de ser desafiadas. «Se no cargo atual o empregado está a atingir um ponto de sobrequalificação, há um grande risco de desinteresse e consequente saída da empresa», diz David. É preciso avaliar a nossa equipa continuamente e assegurarmo-nos de que estão a trabalhar no limite das suas capacidades. Se tiverem um bom desempenho, mas não aprenderem nada de novo, uma promoção ou uma ocupação alternativa pode ser o melhor tanto para a pessoa como para a organização.

Assegurar-se de que é uma boa conjugação

Antes de promover alguém, há que considerar se se trata de uma coisa que o indivíduo gostará de fazer. Muitos gestores esquecem-se de ter em conta que lá por se ser bom no trabalho não quer dizer que se tenha prazer nele. «Uma das grandes ferramentas que

126 AVALIAÇÕES DE DESEMPENHO FORMAIS

um gestor pode usar é uma conversa autêntica e sincera com o indivíduo em causa», explica David. Há que perguntar-lhe se está interessado e entusiasmado com novas responsabilidades. Se não estiver, deve considerar-se a criação de um papel alternativo que puxe por ele, o realize e preencha uma necessidade da organização.

Fazer uma experiência antes de tornar a situação definitiva

Pode ocasionalmente dar-se o caso de ser necessária mais informação para se ajuizar o desempenho esperado de um empregado numa nova posição. Como diz Ibarra, «a questão torna-se delicada quando o desempenho num papel atual não é um bom previsor do desempenho num novo». Nestes casos, é aconselhável conceber uma incumbência similar às tarefas e desafios da nova posição para testar a capacidade do empregado. Deve ser-se transparente com ele acerca desta experiência. Fazê-la a curto prazo e expor critérios claros de êxito e um calendário para a avaliação. Todavia, é preciso cautela – o objetivo não é promover invisivelmente a nossa gente sem lhe reconhecer os contributos. Atribuir mais responsabilidades sem uma correspondente mudança de título ou um aumento pode minar a motivação.

Determinar uma compensação justa

No caso de algumas promoções, o valor do aumento a atribuir pode ser óbvio, com base no que estão a auferir outros com as mesmas funções. No entanto, muitas mudanças de posição não são tão nítidas. O empregado pode reter algumas das suas anteriores responsabilidades enquanto assume novas. Deve criar-se uma descrição do trabalho no novo cargo. Observem-se todas as suas obrigações e tente-se compará-las com outros cargos da empresa ou no mercado de trabalho em geral. Se não há na organização posições comparáveis, considerem-se os aumentos que acompanharam anteriores promoções na organização. Se estas são na sua maioria acompanhadas por um determinado aumento de ordenado, aplique-se uma percentagem similar.

Saber quando dizer *não*

«Há pessoas que pedirão uma promoção mesmo não estando pre-paradas», diz Ibarra. O trabalho do gestor é ajudar a calibrar esses pedidos. Se o empregado mencionar uma promoção, mas tiver-mos dúvidas de que esteja apto, devemos ter uma discussão aberta para ouvir o que pensa e partilhar as nossas dúvidas. As competên-cias ou experiências que ele precisa de obter para ser promovido devem ser claras e deve criar-se um plano de ação no sentido de lhas proporcionar, incumbindo-o das tarefas e missões de que pre-cisa para expandir as suas aptidões.

Devido a limitações orçamentais pode ser preciso dizer que não a alguém merecedor. Ou pode não ser a oportunidade certa. Para promover, diz David, «tem de haver uma necessidade estra-tégica na organização» passível de ser preenchida por essa pessoa. Estas conversas podem ser duras. Sejamos francos e transparen-tes. Expliquemos as razões e asseguremo-nos de que o empregado compreende que o valorizamos. Importa que lhe sejam dados objetivos que puxem por ele e o ajudem a preparar-se para um futuro em que a empresa esteja em melhor condições para lhe outorgar a promoção ou um aumento.

Considerar outras maneiras de motivar

O mais importante é encontrar outras maneiras de manter o empregado empenhado. «Os líderes sentem-se muitas vezes recon-fortados por poderem dar um aumento ou uma promoção, visto que tais estratégias são encaradas como tangíveis e executáveis. No entanto, embora essas formas extrínsecas de motivação sejam um instrumento útil e importante para manter os empregados empenhados, não são o único», explica David. Em vez disso, deve recorrer-se a formas intrínsecas de motivação, tais como reconhe-cer contributos, proporcionar oportunidades para ganhar novas aptidões ou experiências e apoiar a autonomia e a decisão dentro de cada cargo (ver capítulo 7, «Reconhecer de modo significa-tivo o bom trabalho»). Um gestor pode, por exemplo, ter margem de manobra para fazer modificações na posição atual de um

128 AVALIAÇÕES DE DESEMPENHO FORMAIS

empregado, de maneira que ele passe metade do tempo na sua tarefa atual e a outra metade em responsabilidades novas e mais desafiantes. Fazê-lo pode ser mais motivador a longo prazo e inspirar a sua lealdade. «Depender demasiado do salário e da promoção como formas de motivação conduz a uma cultura organizacional muito transacional e desligada», diz David. É provável que empregados que se sintam apreciados estejam mais dispostos a esperar que os maus bocados passem.

Princípios a ter em mente

Devemos:

- Assegurar-nos de que a nossa gente está a trabalhar no limite das suas aptidões.
- Criar missões que ajudem a avaliar se o empregado brilhará num novo papel.
- Encontrar outras maneiras além dos aumentos e das promoções para motivar a nossa gente.

Não devemos:

- Dizer que não a um pedido de aumento ou de promoção sem uma explicação clara.
- Depender unicamente na nossa apreciação do desempenho do empregado sem pedir informações a outros.
- Assumir que uma promoção, por si só, fará o empregado feliz.

O que as pessoas estão a dizer em hbr.org

Há quem pense que a rotação de empregados é um dos maiores custos e desafios que se perfilam para as empresas. Se for esse o caso, as organizações precisam de ser proativas na manutenção dos seus melhores elementos. Formas extrínsecas de motivação, como o dinheiro e as promoções, são ótimas, mas não chegam para manter as pessoas empenhadas e motivadas. Num «livro branco» de Towers Watson, *Turbocharging Employee Engagement: The Power of Recognition from Managers*, uma das principais conclusões é que «uma atuação do gestor no reconhecimento do desempenho dos empregados aumenta em quase 60% o empenho deles».

O reconhecimento em tempo real por tarefas bem feitas e o alinhamento dos empregados com os valores da empresa são ferramentas fundamentais que não devem ser esquecidas. **Reconhecimento (e recompensas)** é um **elemento-chave para manter uma força de trabalho motivada.**
—Publicado por Sarah

O meu emprego atual é numa unidade comunitária não lucrativa de cuidados de saúde. O seu financiamento é feito em primeiro lugar por donativos e através dos sistemas Medicare ou Medicaid. Estas fontes têm estado a diminuir e avizinham-se mais cortes. Há dois anos que não há prémios e os aumentos tinham-se esvanecido antes disso. Mais a mais, o aumento de responsabilidades é um fardo crescente para o pessoal. Combine-se isso com as dificuldades económicas das famílias e a necessidade de outros tipos de reconhecimento, e recompensa torna-se imperativa – de outra maneira ir-se-ão embora em busca de trabalhos mais bem pagos.

A sua ideia de um empregado «[...] passar metade do tempo no seu trabalho atual e a outra metade em novas responsabilidades mais desafiantes» tem também, então, para nós, **um efeito positivo adicional – faz-se mais com menos pessoal e isso ajuda a prevenir o esgotamento ao proporcionar uma variedade de tarefas, funções e novos colegas de trabalho.**
—Publicado por Betty

Estudo de caso 1: Um novo papel para a firma e para o empregado

Elise Giannasi foi contratada por uma firma de consultoria estratégica como assistente executiva do sócio gerente. Ao fim de um ano no cargo estava a receber elogios entusiásticos, e Shanti Nayak, diretora de Recursos Humanos, diz que era claro que se tratava de uma excelente colaboradora. Shanti assinalava, em particular, que Elise fizera um magnífico trabalho no desenvolvimento de relações com os clientes. Estas haviam sido decisivas para organizar reuniões-chave e assegurar que as contas eram pagas. O sócio gerente achou que ela estava pronta para subir na empresa. Mas, segundo Shanti, «não havia um papel típico para o qual as pessoas pudessem ascender a não ser que estivessem na senda tradicional dos consultores».

A firma não tinha, ao tempo, um membro do pessoal dedicado exclusivamente ao desenvolvimento de negócio. Todas as pessoas se encarregavam disso como tarefa «extracurricular». No entanto, o duro clima económico forçava a firma a desenvolver um processo muito mais formal e requeria que alguém fosse responsável por essa função. Shanti explica que decorriam em paralelo dois debates: Precisariam de um papel assim? E, em caso afirmativo, seria Elise a pessoa indicada para o desempenhar? Embora ela já estivesse a fazer pequenas atividades de desenvolvimento de clientes nunca desempenhara semelhante função. Shanti sabia que Elise tinha trabalhado afincadamente para desenvolver as relações certas tanto no interior como fora da firma e estava confiante de que ela podia ocupar o cargo. Quando falou nisso com outras pessoas da firma, todos subscreveram a sua opinião. Por fim, diz Shanti, «pareceu um risco que valia a pena correr». Explicou que, visto tratar-se de um cargo novo, era difícil decidir quanto pagar a Elise. Examinaram o que outras promoções tinham implicado em termos de aumento de ordenado – em especial a percentagem que os associados recebiam quando se tornavam associados seniores. Foi dado a Elise um aumento numa percentagem similar e um novo título: gestora de desenvolvimento de negócio.

Estudo de caso 2: Um modelo de aprendizado para formação no exercício do cargo

Quando Sarah Vania entrou para o International Rescue Committee como sócia sénior de Recursos Humanos, ficou particularmente

QUANDO OUTORGAR UMA PROMOÇÃO

impressionada com Nicole Clemons, uma administrativa de Recursos Humanos. Nicole estava a fazer o seu mestrado ao mesmo tempo que trabalhava a tempo inteiro. Fazia duas horas de viagem de autocarro para chegar ao trabalho, usando esse tempo para estudar. Nicole tinha recebido sempre muito boas avaliações. Sarah pensou: «Aqui está uma pessoa de elevado potencial que ganhou o direito a ser desenvolvida.» Quando Sarah se sentou com ela para a primeira reunião de avaliação das duas, Nicole perguntou-lhe: «Que perspetivas de carreira tenho à minha frente?» Concorrera a uma vaga de sócia de Recursos Humanos, mas, como era dois escalões acima do seu atual posto, a organização achava que ela não estava preparada. Sem um passo seguinte lógico, todavia, Nicole ficaria encalhada na atual posição. «Como gestora, devia-lhe uma perspetiva de carreira, mas não tinha orçamento para criar um novo cargo e contratar uma nova administrativa», diz Sarah.

Em vez disso, decidiu criar um papel alternativo para Nicole. Continuaria nas suas funções administrativas nos Recursos Humanos, mas encarregar-se-ia também de gerir dois dos grupos de clientes de Sarah. Este modelo de aprendizagem permitir-lhe-ia perceber na prática o que significava ser sócia de Recursos Humanos, com a Sarah a dar-lhe *feedback* e apoio. «Ajuda-a a aprender de uma maneira gerível e sustentada, em vez de passar por uma prova de fogo», explica Sarah, que falou com os líderes de cada um dos grupos de clientes, tornando claro que, embora Nicole ainda estivesse a aprender, faria deles a sua primeira prioridade e que ela, Sarah, lá estaria se surgissem quaisquer problemas. «Pedi-lhes ajuda e expliquei as vantagens da solução», diz Sarah. Desde então, Nicole já assumiu mais responsabilidade, e Sarah diz que está bem encaminhada para se qualificar para o papel de sócia.

Amy Gallo é colaboradora permanente da *Harvard Business Review* e autora do *Guia HBR da gestão de conflitos no trabalho*.

Adaptado de conteúdo publicado em hbr.org em 12 de janeiro de 2011.

Capítulo 13
Dicas para a manutenção de registos

A FIM DE PREPARAR AS AVALIAÇÕES ANUAIS, muitos gestores acham útil manter um ficheiro (eletrónico ou em papel) do desempenho dos empregados e atualizá-lo ao longo do ano. Documentar o desempenho implica determinadas considerações legais, de modo que deve ser consultado o gestor de Recursos Humanos ou o departamento jurídico interno. Se não existir nenhum desses recursos na organização deve consultar-se um advogado especializado em legislação do trabalho. Isto é especialmente aconselhável quando o desempenho de uma pessoa começa a sofrer ou se for preciso despedi-la.

Eis algumas coisas a considerar quando se prepara registos dos empregados:

- Registar a data e os pormenores do que aconteceu: «A Jane começou a enviar ordens de trabalhos detalhadas antes das nossas reuniões semanais com o *marketing*, permitindo, assim, que todos se preparassem e enviassem alterações se necessário.

AVALIAÇÕES DE DESEMPENHO FORMAIS

Isto ajudou a equipa a não perder tempo e a cobrir um grande número de tópicos numa curta sessão.»

- Limitar-se aos factos: Anotar os comportamentos (por exemplo, as campanhas de *e-mails* de seguimento de Joe aumentaram as vendas em 10%) em vez de juízos (por exemplo, Mary não sabe gerir o seu tempo).
- Sempre que possível, tomar notas no próprio dia em que demos *feedback*, enquanto ainda está fresco no nosso espírito.
- Conservar os *e-mails* ou notas que evidenciam os êxitos dos empregados, quer sejam exemplos em que reparámos nós próprios ou elogios de terceiros.
- Para questões de desempenho, documentar o problema e os passos seguintes, incluindo calendarização, ações a executar, objetivos de formação específicos e resultados esperados.
- Consultar (via *e-mail* ou reuniões presenciais) outras pessoas que estejam em posição de avaliar o desempenho do empregado, tais como subordinados, clientes, vendedores e colegas. Pedir *feedback* sobre qualidades ou comportamentos, incluindo exemplos específicos que apoiem as nossas observações. Documentar o seu *feedback* e juntá-lo ao ficheiro.
- Solicitar ao empregado relatórios de situação regulares que expliquem como progride o seu trabalho, bem como quaisquer preocupações ou problemas que possa estar a ter. Isto avisar-nos-á de quaisquer problemas que estejam a germinar no desempenho do empregado e dar-nos-á uma indicação antecipada sobre o que planeia fazer a seguir.

Quando chegar a altura de realizar a avaliação anual do empregado o grosso do trabalho já se encontrará feito, dado que tomámos tão boas notas. Restará meramente a tarefa de as rever e encontrar temas comuns, em vez de dar voltas à cabeça em busca dos pontos principais ou basear-se apenas no mais recente desempenho.

Secção 3
Tópicos difíceis

Capítulo 14
Como ajudar os que não estão à altura

por Amy Gallo

UM GESTOR NÃO PODE ACEITAR DESEMPENHOS abaixo do normal. É frustrante, faz perder tempo e pode desmoralizar o resto da equipa. Mas que fazer acerca de um empregado que não está à altura? Como proporcionar o *feedback* de que precisa e ajudá-lo a inverter o comportamento problemático? E quanto tempo se deixa a situação prolongar até cortar o mal pela raiz? Enfrentando a questão e criando juntamente com o empregado um plano de correção, podemos pô-lo num caminho de melhoria.

O que dizem os especialistas

A nossa empresa pode ter uma maneira estabelecida de lidar com empregados insatisfatórios, mas a maior parte dos processos recomendados não é de grande utilidade, diz Jean-François Manzoni, professor do INSEAD e coautor do livro *The Set-Up-to-Fail Syndrome: How Good Managers Cause Great People to Fail*. «Quando falamos com altos executivos, eles normalmente reconhecem que esses processos falham», diz ele. Fica, portanto, a cargo de cada gestor descobrir o que fazer. «Quando as pessoas se deparam com um problema de desempenho insatisfatório, estão, na verdade, por sua conta», diz Joseph Weintraub, coautor de *The Coaching Manager: Developing Top Talent in Business.*

Eis como delinear uma intervenção produtiva.

Não ignorar o problema

É demasiado frequente que a questão dos desempenhos insatisfatórios fique por resolver. «A maior parte dos problemas de desempenho não é tratada diretamente», diz Weintraub. «O mais frequente é que, em vez de tomar medidas, o gestor transfira a pessoa para outro lugar ou a deixe onde está sem fazer nada.» Esta abordagem é errada. Nunca devemos consentir que um desempenho insatisfatório fique a apodrecer na nossa equipa. É raro que estas situações se resolvam por si, e é provável que piorem. «Ficamos cada vez mais irritados e isso manifestar-se-á e deixará a pessoa desconfortável», explica Manzoni. Se surgir um problema devemos tomar medidas para o resolver o mais cedo possível.

Apurar a causa do problema

A pessoa ajusta-se mal à função? Faltam-lhe as aptidões necessárias? Ou simplesmente não percebeu quais eram as expetativas? Em matéria de desempenhos é comum encontrar discrepâncias entre o que gestores e empregados pensam que é importante, explica Weintraub. Consideremos que papel podemos estar a desempenhar no problema. «Podemos ter contribuído para a situação negativa», diz Manzoni. «No fim de contas, é raro que toda a culpa seja do subordinado, tal como é raro que seja toda do chefe.» Não nos centremos exclusivamente no que o empregado insatisfatório tem de fazer para remediar a situação – pensemos também nas mudanças que podemos nós próprios fazer.»

Perguntar a terceiros aquilo que pode estar a escapar-nos

Antes de agir, analisemos objetivamente o problema. Falemos com o anterior chefe dessa pessoa ou com alguém que tenha trabalhado com ela ou que lhe tenha realizado uma avaliação 360. A abordagem de outrem, porém, deve ser feita cuidadosa e confidencialmente. Manzoni sugere que se diga algo nas seguintes linhas: «Tenho medo de que a minha frustração possa estar a nublar-me o juízo. Não vejo senão os erros que está a cometer. Quero fazer um esforço sincero para ver o que me está a escapar.» Procuremos provas de que a nossa presunção está errada.

Falar com o empregado insatisfatório

Depois de termos falado com terceiros, falemos diretamente com o interessado. Expliquemos-lhe o que estamos a observar ao certo, apontemos-lhe a maneira como o trabalho da equipa se encontra afetado e tornemos claro que queremos ajudar. Manzoni sugere que a conversa seja mais ou menos esta: «Estou a ver que há problemas no seu desempenho. Creio que pode fazer melhor e sei que talvez eu próprio esteja a contribuir para o problema. Como saímos disto, então? Como melhoramos?» É importante envolver a pessoa no *brainstorming* de soluções. «Peça-lhe sugestões», diz Weintraub. No entanto, não esperemos uma reação imediata. O empregado em causa pode precisar de tempo para digerir o nosso *feedback* e voltar mais tarde com algumas propostas.

Confirmar que essa pessoa quer ser ensinada

Na maior parte dos casos o passo seguinte assentaria em organizar um *feedback* contínuo ou sessões de *coaching*. Porém, não se pode dar *coaching* a quem julgar que não precisa de ajuda. Na conversa inicial – e ao longo de toda a intervenção –, o empregado tem de reconhecer o problema. «Se alguém diz "Eu sou como sou" ou insinua que não vai mudar, é preciso decidir se podemos viver com o problema e a que preço», diz Weintraub. Por outro lado, se vemos disposição para mudar e um interesse genuíno em melhorar, é provável que possamos trabalhar juntos para dar a volta à situação.

Traçar um plano

Uma vez confirmado que a pessoa é suscetível de *coaching*, deve criar-se um plano concreto para aquilo que gestor e empregado vão fazer em moldes distintos, concordando em ações mensuráveis de forma a ir assinalando os progressos feitos. Devem anotar-se objetivos específicos a atingir e planear a execução dessas tarefas, atribuindo-lhes datas de princípio e fim. Depois, há que identificar os recursos de que o empregado necessita para cumprir esses objetivos, sejam tempo, equipamento, assistência ou *coaching* de outros. Uma vez tudo delineado por escrito, importa perguntar ao empregado o que acha do plano, respondendo a quaisquer perguntas ou clarificando quaisquer aspetos consoante for necessário. Não queremos que faça promessas que não pode cumprir e desejamos certificar-nos de que há acordo quanto ao que se segue. Depois, há que dar-lhe tempo. «Toda a gente precisa de tempo para mudar e talvez aprender ou adquirir novas competências», diz Weintraub.

Monitorizar os progressos regularmente

Uma vez finda a conversa, o trabalho do gestor não está concluído. É preciso dar-lhe seguimento a fim de garantir que o plano de correção está a ser executado. Há que pedir ao subordinado que preste contas regularmente ou estabelecer futuras datas para verificar a sua progressão. Pode ser útil perguntar ao empregado se há alguém que gostaria de alistar nesse esforço. Weintraub sugere que se pergunte: «Há alguém em quem confie que possa proporcionar-me *feedback* sobre como se está a portar na efetivação das mudanças?» Fazê-lo transmite uma mensagem positiva: «Diz que eu quero que isto funcione e quero que se sinta confortável; não vou espiá-lo nas suas costas.»

Respeitar a confidencialidade

Pelo caminho, é importante manter confidencial o que está a acontecer — ao mesmo tempo que se faz saber a outros que estamos a trabalhar num problema de desempenho deficiente. Manzoni admite que é um delicado ato de equilibrismo. Não deve

COMO AJUDAR OS QUE NÃO ESTÃO À ALTURA

partilhar-se com terceiros pormenores específicos, defende. Mas pode dizer-se-lhes coisas neste género: «O Bill e eu estamos a trabalhar conjuntamente na sua produção e ultimamente temos tido boas discussões. Preciso que nos ajude sendo o mais positivo e encorajador que puder.»

Elogiar e premiar mudanças positivas

Se o subordinado efetua mudanças positivas, importa dizê-lo. Tornar claro que demos conta de progressos e premiar em conformidade. «Num determinado ponto, se o empregado insatisfatório melhorou, asseguremo-nos de o tirar da espiral da morte. Queremos uma equipa que possa cometer erros e aprender com eles», afiança Weintraub.

Se não há melhoras, agir

É claro que, se as coisas não melhorarem, o teor da discussão deve mudar. «Há um ponto em que o *coaching* fica para trás e entra em cena o discurso das consequências. Poderá dizer-se: "Deixe-me que lhe diga com muita franqueza que esta é a terceira vez que isto acontece e, visto que o seu comportamento não mudou, preciso de lhe explicar as consequências"», diz Weintraub. As ações disciplinares, particularmente o despedimento, não devem ser tomadas com ligeireza. «Quando se despede alguém, isso não afeta apenas o indivíduo despedido, mas também nos afeta a nós e a toda a gente que nos rodeia», diz Manzoni. Embora possa ser doloroso despedir alguém, por vezes trata-se da melhor opção para a equipa. «É desanimador ver que a pessoa ao nosso lado não funciona», diz Weintraub. Manzoni desenvolve: «A pessoa a quem se está a pedir que se vá embora é apenas uma das partes interessadas. As que ficam são as mais importantes… Quando os colaboradores sentem que o processo é justo estão dispostos a aceitar um desfecho negativo.»

Princípios a ter em mente

Devemos:

- Agir tão cedo quanto possível – quanto mais cedo melhor.
- Considerar como podemos contribuir para solucionar os problemas de desempenho.
- Traçar um plano concreto e mensurável de melhorias.

Não devemos:

- Assumir que o assunto fica resolvido com uma conversa.
- Tentar o *coaching* de alguém que não esteja disposto a admitir que há um problema.
- Falar sobre questões específicas do desempenho de alguém com outros membros da equipa.

Estudo de caso 1: Investir o tempo necessário

Allie Rogovin dirigia uma equipa de cinco pessoas na Teach For America quando contratou Max (o nome foi mudado) como coordenador de recrutamento. O cargo tinha duas grandes responsabilidades: executar as funções administrativas de apoio à equipa de recrutamento e gerir os projetos especiais. Allie reconhecia que a componente administrativa não era muito empolgante, de modo que «lhe fez saber que quanto melhor e mais depressa completasse essas tarefas mais tempo teria para os projetos divertidos». Porém, não tardou que Max se visse aflito com a parte nuclear do papel. «Dei-me conta, passados dois meses, que ele não estava a cumprir a tempo as obrigações administrativas», admite ela.

Allie começou por dar a Max um modelo de plano de ação. Pediu-lhe que gastasse 20 minutos ao fim do dia para registar e estabelecer prioridades entre todas as suas tarefas. Depois, revia a lista dele todas as tardes e dava-lhe indicações sobre como haveria de estabelecer as prioridades para o dia seguinte.

O que as pessoas estão a dizer em hbr.org

Sim, é importante aferir se o empregado é suscetível de receber *coaching*. É igualmente importante determinar se o chefe é competente para dar *coaching* ao longo do processo. Há demasiados gestores que carecem de capacidades ou da paciência para ajudar o empregado a melhorar um problema de desempenho. O melhor gestor-professor-*coach* terá flexibilidade suficiente para ajudar o empregado a utilizar aptidões e talentos diferentes dos do gestor em vez de usar o velho e bafiento: «Olhe lá, deixe-me mostrar-lhe como isto se faz.»
—Publicado por Mike

Temos a pessoa certa na posição certa? Se sim, traduzimos nós a visão da organização para essa posição? Acontece demasiadas vezes pormos as pessoas em certas posições julgando-as adequadas e depois não as ajudamos a ser bem-sucedidas. Não traduzimos a visão da empresa para aquela área específica nem estabelecemos os indicadores-chave de desempenho para essa pessoa ou equipa. De modo que, quando abordarmos este problema, temos de nos lembrar de voltar à razão básica, fundacional, para a posição dessa pessoa e fazer-lhe saber como ela ajuda a realizar a visão geral.
—Publicado por RJ

Também começaram a reunir-se três vezes por semana em lugar de uma só.

«Ele era um membro muito valioso da equipa, e eu sabia que era capaz de fazer um bom trabalho. Isso fez-me querer investir nele», explica ela. Durante três meses, reuniu-se regularmente com Max e a reviu-lhe as prioridades: «Não pensara que ia durar tanto, mas queria verificar que que ele estava a criar novos hábitos.» Por vezes, Max ainda falhava os prazos, mas estava a mostrar claros sinais de melhoria.

«Fomos afinando o plano à medida que íamos avançando, e ele acabou por apanhar o jeito», diz ela. «Com toda a franqueza, não o teria feito se não visse nele um enorme potencial.»

Estudo de caso 2: reconhecer que a mudança não vai acontecer

Bill Wright (não é o nome verdadeiro), um promotor de negócios de uma construtora de prédios residenciais, contratou um novo gestor de projetos no verão passado. Vamos chamar-lhe Jack. Logo de início, Bill viu que havia problemas de desempenho. Uma das principais responsabilidades de Jack passava por desenvolver projetos pequenos. Isso significava definir a dimensão do projeto, falar com proprietários, negociar com subempreiteiros e fazer a coordenação com os *designers*. «Estava a levar muito tempo. O que deveria demorar dias estava a levar três a quatro semanas», diz Bill. Isto era problemático por várias razões: «Era suposto faturar o tempo dele ao cliente, mas não podia faturar o tempo que ele estava a gastar. Além disso, tinha proprietários descontentes que não percebiam por que motivo as coisas levavam tanto tempo.» Bill reunia duas vezes por semana com Jack para passar em revista a carga de trabalho atual, estabelecer prioridades e resolver quaisquer problemas. «Eu queria ajudá-lo a melhorar, mas acabei por ficar tão frustrado que comecei a encarregar-me eu dos projetos», diz Bill. Na avaliação trimestral de Jack, Bill teve uma conversa franca com o seu empregado sobre as consequências da sua incapacidade de melhorar o desempenho. «Quando lhe perguntei de que precisava, Jack disse-me que queria mais de uma hora por semana do meu tempo para comentar o seu trabalho. Disse-lhe que tinha muito gosto em fazê-lo e pedi-lhe que avançasse e marcasse uma hora para essa reunião regular», diz Bill. Mas Jack nunca deu seguimento.

«Era muito claro que não estava a funcionar. Nunca houve sinais de qualquer progresso.» Foi nessa altura que Bill se sentou com Jack e tornou claro que o emprego dele estava em risco. Mais uma vez, não houve mudanças no seu comportamento, de modo que algumas semanas depois despediu Jack. «Olhando para trás, dou-me conta de que fiz uma má contratação. Contratei recentemente um substituto e a diferença é da noite para o dia. Já percebe o lugar.»

COMO AJUDAR OS QUE NÃO ESTÃO À ALTURA

Amy Gallo é colaboradora permanente da *Harvard Business Review* e autora do *Guia HBR da gestão de conflitos no trabalho.*

Adaptado de conteúdo publicado em hbr.org em 23 de junho de 2014.

Capítulo 15
Endereçar críticas a um empregado na defensiva

por Holly Weeks

COMO É QUE SE DÁ *FEEDBACK* DESFAVORÁVEL a um empregado que irá seguramente levá-lo a mal – e quero dizer levá-lo *mesmo* a mal? Pense-se em gritos, lágrimas, desculpas, acusações, ataques pessoais, revisão da história, palavras distorcidas – é escolher o pesadelo.

Consideremos o caso de Melissa, *team leader* num projeto recém-concluído que fora uma experiência insatisfatória para todo o grupo. Para a maioria, tratou-se de uma deceção desde o princípio: os membros da equipa foram designados, não se ofereceram; não era um projeto de alta visibilidade; e os resultados só se destacavam como realmente importantes para a investigação do mentor de Melissa. O papel dela não era poderoso. Era a primeira entre pares e fazia a ligação à direção, mas tinha mais responsabilidade do que autoridade. A cenoura que a direção acenara aos membros da equipa era que se tratava de um projeto trampolim: se os resultados fossem satisfatórios, poderiam esperar mais projetos de maior visibilidade.

James, um membro da equipa a trabalhar a partir de um local remoto, lidava com a situação dando ao projeto uma prioridade mais baixa do que ao seu restante trabalho. Era frequente acabar tarde as suas tarefas ou nem sequer as concluir, mas sabia que Melissa cobria a falha porque era do interesse do seu mentor que alguém o fizesse. Ele considerava-o uma solução pragmática – tinha muito que fazer. O seu erro de cálculo foi assumir que o trabalho da equipa seria avaliado no todo. Em vez disso, quando o projeto terminou, foi pedido a Melissa que recomendasse pessoas da equipa para um novo e importante projeto. James não seria uma delas, e Melissa marcara uma sessão de *feedback* com ele para lhe dar conhecimento disso.

Melissa sabia que a conversa não correria bem. James era conhecido por gritar, distorcer as palavras dos outros, acusá-los de o vitimizar e muito mais. O temperamento da própria Melissa era diferente do dele e a ideia de dar a James um *feedback* negativo afigurava-se-lhe um pesadelo.

Como haveria ela de lidar com a situação?

Quando tememos a reação de alguém, muitos de nós procuramos técnicas para fazer a outra pessoa agir diferentemente. Contudo, quando o nosso interlocutor recebe *feedback* desagradável, por norma, repete táticas que foram bem-sucedidas no passado – é por isso que as usa. Perante *feedback* negativo, é provável que James fique surpreendido e zangado. É provável que pense que Melissa representou enganadoramente o resultado do projeto e está fazer dele um bode expiatório, roubando-lhe o único benefício de quatro meses de trabalho. Do ponto de vista de James, a sua reação faz sentido: Melissa não é de confiança, não é sua superior e tenciona fazer-lhe mal. Porque haveria ele de agir de outra maneira? Quer que ela recue.

Melissa antevê esse cenário, mas o seu temperamento torna-a vulnerável a escolher aquilo a que o teórico da gestão Chris Argyris chama «estratégias defensivas» – um comportamento ambíguo, contraproducente, escolhido para evitar um desconforto mútuo. Exemplos disto poderão ser que Melissa seja deferente, desculpando-se e concordando em que ele está a ser maltratado, sublinhando ao mesmo tempo que ela é apenas o mensageiro.

ENDEREÇAR CRÍTICAS A UM EMPREGADO

Ou poderá enviar-lhe a mensagem por *e-mail*, deixando-o a ferver a sós. Ou ainda pedir a outra pessoa que lhe diga. Qualquer destas soluções protegeria Melissa de um desconforto imediato, mas sinaliza também pouca competência. As estratégias defensivas tornam-se «incompetência especializada», explica Argyris – tornamo-nos muito bons a evitar as partes difíceis, mas não conseguimos alcançar bons resultados e nunca atingimos realmente os nossos objetivos. Não podem ser recomendadas como abordagem do *feedback*, mesmo que pareçam melhor do que um choque frontal.

Porém, se Melissa tentar de facto endurecer e emular o estilo conflituoso de James, mesmo sabendo de antemão por experiência própria que isso não será bem recebido, decerto o tiro lhe sai pela culatra. As emoções vão escalar de ambos os lados, destruindo a relação e potencialmente as reputações de ambos.

Melissa precisa de tentar uma abordagem diferente. Uma tática possível passa por se concentrar em imunizar-se contra a sua vulnerabilidade ao comportamento difícil de James. Tal qual um cientista que, ao estudar como um elemento patogénico compromete uma célula, se concentra na célula e não na bactéria.

Como haveria Melissa de se imunizar contra os arrebatos de James? Reconhecendo que *ela* tem de reagir à tática para que esta resulte. Em vez de reagir, pode neutralizar a sua reação, sem ceder ou desistir do que tem a dizer. Para lá chegar, pode usar um esquema que junta três atributos do falar bem em momentos difíceis: conteúdo claro, tom neutro e fraseologia temperada.

Conteúdo claro: Deixar as palavras fazerem o trabalho por nós. Dizer o que se quer dizer. Imaginar que somos um locutor de noticiário e que é importante que o interlocutor perceba a informação. Se este distorcer o que estamos a dizer, há que repeti-lo exatamente como foi dito da primeira vez.

Tom neutro: O tom é a parte não-verbal da mensagem que estamos a transmitir. É a inflexão da voz, a nossa expressão facial e a linguagem corporal consciente e inconsciente. Tudo isto tem peso emocional numa conversa difícil. É complicado usar um tom neutro quando as nossas emoções estão alvoroçadas. É por isso que é bom treinar de antemão de modo a nos habituarmos. Pense-se na neutralidade clássica das comunicações da NASA em situações críticas: «Houston, temos um problema.»

Fraseologia temperada: Há uma miríade de maneiras de dizer o que temos a dizer. Umas são ponderadas e não conflituosas; outras provocam descaradamente o nosso interlocutor com uma linguagem explosiva. Se este ignora, resiste ou nos devolve as nossas palavras, não é provável que se atenha ao seu conteúdo – daí que devamos escolher cuidadosamente o que dizemos. (Ver a caixa «Frases para garantir que se é ouvido».)

Frases para garantir que se é ouvido

por Amy Gallo

- «A minha perspetiva baseia-se nas seguintes presunções...»
- «Cheguei a esta conclusão porque...»
- «Gostava muito de ouvir a sua reação ao que acabo de dizer.»
- «Vê quaisquer falhas no meu raciocínio?»
- «Vê a situação doutra maneira?»

Adaptado do *Guia HBR da Gestão de Conflitos no Trabalho*, Harvard Business Review Press, 2015.

Amy Gallo é colaboradora permanente da *Harvard Business Review* e autora do *Guia HBR da Gestão de Conflitos no Trabalho.*

Conteúdo claro, tom neutro e fraseologia temperada são um todo. Melissa não obterá bons resultados se usar fraseologia temperada, mas recorrer a uma grande dose de linguagem corporal contraditória. Nem isto funcionará bem se suavizar o conteúdo porque pensa que é demasiado contundente. Ser brusco é uma caraterística de uma fraseologia destemperada, não do conteúdo.

ENDEREÇAR CRÍTICAS A UM EMPREGADO 151

De modo que suavizar o conteúdo para remediar um problema de fraseologia não a vai levar aonde ela quer. Se Melissa disser a James, «Em fevereiro, março e abril a equipa não recebeu de si nas datas combinadas aquilo a que se tinha comprometido», o conteúdo é claro e a linguagem temperada. Temos de imaginar que o seu tom é neutro, mas Melissa é capaz disso. Se ela disser, «com essas omissões, não posso apoiar uma recomendação sua», é, de novo, clara e temperada. Sabemos muito bem que as notícias não são boas e que James ainda recorrerá provavelmente ao seu arsenal de táticas difíceis. Mas Melissa pisa terreno sólido, não alterando a sua mensagem nem reagindo às táticas dele. Com este esquema instalado, a repetição pode ser uma boa amiga: se James a desafia ou distorce a sua mensagem, Melissa pode repetir o que disse, em vez de ir atrás de James pela toca do coelho. Quando chegar a altura de pôr fim à reunião, pode dizer uma coisa simples, como: «Obrigada por se ter reunido comigo. [Curta pausa.] Quem me dera que tudo isto tivesse corrido de outra maneira.» Ficará James satisfeito com esta conversa? Penso que não. Ninguém gosta de *feedback* desfavorável. Mas é preciso ter presente que, ao dar *feedback* negativo a alguém que provavelmente se vai pôr na defensiva, a nossa tarefa não é fazê-lo sentir-se melhor. É, isso, sim, transmitir-lhe a informação de uma maneira clara, neutra e temperada − atendo-nos aos factos e ao plano.

Holly Weeks escreve, ensina e é consultora em questões de comunicação. É professora associada da cadeira de Políticas Públicas na Kennedy School de Harvard e autora de *Failure to Communicate: How Conversations Go Wrong and What You Can Do to Right Them* (Harvard Business School Press, 2008).

Adaptado de conteúdo publicado em hbr.org em 12 de agosto de 2015.

Capítulo 16
Como dar às estrelas da companhia um *feedback* produtivo

por Amy Gallo

POR MUITO CONTRAINTUITIVO que possa parecer, dar *feedback* a quem tem um desempenho excelente pode ser ainda mais difícil do que dá-lo a um funcionário insatisfatório ou recalcitrante. Os empregados excelentes podem não ter necessidades óbvias de desenvolvimento e é possível que quem as identifique se sinta picuinhas ou excessivamente exigente. A acrescentar a isto, os que têm desempenhos extraordinários podem não estar acostumados a ouvir *feedback* construtivo e eriçar-se à mais pequena sugestão de que não são perfeitos. Porém, dar às estrelas da companhia bom *feedback* é essencial para as manter comprometidas, focadas e motivadas. Felizmente, as discussões de *feedback* não precisam de ser desagradáveis, especialmente com os empregados que se distinguem pelo seu bom desempenho. Em vez de temer-mos a nossa próxima conversa com eles, pensemos nela como uma oportunidade excitante de celebrar o seu êxito e discutir o que se segue.

O que dizem os especialistas

Não nos deixemos tentar por esquivar as regras para as estrelas da companhia. Independentemente do destinatário, devem seguir-se as boas práticas do *feedback*. Façamos o trabalho de casa: há que coligir as informações e pormenores que sustentam o nosso ponto de vista. Descrever sempre comportamentos e não traços de caráter. Não nos demoremos no passado; centremo-nos no que o empregado pode mudar no futuro. Verifiquemos que está tudo percebido e esclarecido e concordemos nos passos a dar e numa maneira justa de medir os progressos.

Dito isto, o *feedback* para as estrelas da companhia requer um cuidado especial. Não assumamos que elas são perfeitas. O professor do INSEAD Jean-François Manzoni diz-nos: «Toda a gente tem espaço para se aperfeiçoar, neste trabalho ou no próximo, dentro do conjunto atual de competências um num outro mais amplo, que provavelmente dará jeito no futuro.» Prestamos-lhes um mau serviço se não as ajudarmos a descobrir como podem continuar a crescer.

Ao conduzir a nossa pesquisa, lembremo-nos de que os resultados nem sempre falam por si. Quem tem grandes desempenhos tem muitas vezes grandes resultados, mas é importante compreender *como* os alcançou e a que preço. Infelizmente, eles são obtidos preterindo outras coisas, tais como cuidar do seu pessoal, forjar alianças com terceiros ou manter um equilíbrio saudável entre vida e trabalho. Além disso, os seus pontos fortes podem muitas vezes revelar-se as suas fraquezas. Uma colaboradora que tem, por exemplo, a capacidade de se manter à margem dos dramas do escritório e concentrar-se no seu trabalho pode ser vista pelos colegas como inabordável. Tem de se pensar cuidadosamente nos comportamentos que capacitaram a nossa estrela para o êxito – podem ser os mesmos comportamentos que não a deixam avançar.

Para tirar o máximo partido das sessões de *feedback*, é preciso discutir regularmente três tópicos: o desempenho atual, a fronteira seguinte de desempenho e os objetivos e aspirações futuras.

Manifestar gratidão pelo desempenho atual

Muitos gestores cometem o erro de assumir que os melhores empregados já sabem que o seu trabalho é bom. A sessão de *feedback* deve começar sempre por declarar especificamente o que eles conseguiram. Mostrar gratidão pelos seus contributos e êxitos. Como diz Manzoni, «os conselhos têm maior probabilidade de ser bem-vindos se partirem de comentários que reconhecem e celebram o desempenho do ano e forem claramente posicionados no sentido de ajudar o subordinado a continuar a desenvolver-se para além do seu papel atual e do seu atual conjunto de competências». O *feedback* construtivo é mais facilmente recebido se for precedido da sincera manifestação de apreço por um trabalho afincado. Dado o valor que a nossa «estrela» tem para nós e para a nossa organização, nunca são de mais as expressões do valor que lhe damos.

O que as pessoas estão a dizer em hbr.org

Se não estiver a receber *feedback* construtivo do seu gestor, não tem de esperar pela altura da avaliação anual para o pedir. Explique-lhe que o quer receber. Depois de uma fase decisiva de um projeto ou de uma reunião particularmente importante, pergunte-lhe se tem algum *feedback* a dar-lhe. Pode fazer perguntas como: «Acha que tratei bem daquilo?» Ou: «Tem algum conselho a dar-me sobre como poderei fazer melhor da próxima vez?» Esteja preparado para fazer perguntas de seguimento, em especial se tiver um desempenho fora de série. É provável que esteja a ir muito bem e o seu superior precise de ser estimulado a pensar em como pode melhorar. Muitos gestores são inexperientes no tocante a dar *feedback* e, quanto mais claro for de que está à procura dele, mais ajudará [o seu gestor].
—Publicado por Amy

Já vi grandes «estrelas» deixarem organizações porque estão sedentas de *feedback* construtivo dos seus gestores. **Assumem muitas vezes por causa da falta dele que o superior não está satisfeito com o seu trabalho**.
—Publicado por Gabrielle

Acho útil dar *feedback* que ajude a moldar objetivos tanto pessoais como profissionais. Tenho uma subordinada, por exemplo, que adora estudos

156 TÓPICOS DIFÍCEIS

sobre o Médio Oriente e árabes. De modo que arranjámos na Universal uma maneira de a deixar procurar e obter informação sobre ONG (organizações não governamentais) nessa área. Ajusta-se aos seus objetivos e aos nossos. Passou de assistente executiva (o que fazia muito bem) a responsável por Marketing ONG.
—Publicado por Pamela

Toda a investigação revela claramente a importância do *feedback* – tanto positivo como negativo – no empenho dos empregados. São os ignorados quem menos se preocupa em dar o máximo. A Gallup provou-o num estudo que revela que:

- Os gestores que se focam nos pontos fortes dos empregados têm 61% de empregados empenhados e 1% de empregados desinteressados.
- Os gestores que se focam nos pontos fracos do pessoal têm 45% de empregados empenhados e 22% de empregados ativamente desinteressados.
- Os gestores que ignoram os seus empregados têm 2% de empregados empenhados e 40% de pessoas ativamente desinteressadas.

É crítico notar que é o comportamento do superior imediato que tem maior impacto no empenho. Muitos há, porém, que preferem fechar simplesmente a porta e ignorar as suas equipas.
—Publicado por Derek

Discutir os obstáculos ao seu desenvolvimento

É provável que o nosso melhor empregado esteja empenhado no seu autoaperfeiçoamento – é decerto uma das maneiras pelas quais se tornou um modelo. É responsabilidade dos gestores ajudá-lo a determinar como continuar a melhorar. Exploremos esse empenho e envolvamo-lo numa discussão sobre como poderá alcançar o nível seguinte de desempenho, seja um novo objetivo de vendas ou uma promoção. Essas conversas deverão incluir o reconhecimento do que poderá estar a barrar-lhe o caminho e como poderá vencer esses obstáculos. Não têm de ser, no entanto, conversas negativas. Manzoni teve um gestor particularmente bom que o ajudou com grande destreza a pensar sobre o que se seguia e como lá chegar. Como diz Manzoni, «nunca me senti criticado. Em vez disso, entrava no gabinete dele com um metro e oitenta e saía de lá com mais de dois metros.»

Identificar objetivos e aspirações futuras

Uma vez que tenham concordado sobre qual o destino aonde a estrela da companhia quer chegar, pergunte-lhe qual a sua motivação e valores. Faça-lhe perguntas sugestivas, tais como «Por que traços quer ser conhecida?» ou «Que tem mais importância para si?» Isto dar-lhe-á a oportunidade de refletir sobre o curso da sua carreira e como encaixam nele o papel que atualmente desempenha, assim como a próxima fronteira de desempenho. Isso dará à nossa «estrela» aquilo que Jamie Harris, consultor sénior na Interaction Associates define como «uma janela para uma maior consciência do que [a] capacita para ser bem-sucedida na sua atual situação e para o que quer conseguir a seguir». Permite-nos também a nós perceber como podemos alinhar as motivações do funcionário com as da empresa. Harris diz: «Algumas pessoas funcionam bem em qualquer contexto, mas quase sempre têm um melhor desempenho quando a sua excelência está alinhada com a da organização.»

Ao dar *feedback* aos nossos empregados de excelência peçamos-lhes que nos deem a sua opinião sobre o que fazemos como gestores. Façamos perguntas como: «De que maneira posso continuar a apoiá-lo no seu excelente desempenho?» Ou: «Que podemos fazer como organização para continuar sempre a melhorar e a apoiar o seu ótimo trabalho?» Isto é importante porque, como diz Harris, «mostra que somos seus aliados em alcançar o que querem conseguir. Ajuda também a cimentar a ligação deles com a organização».

A frequência é essencial

No *feedback* às «estrelas», a frequência é essencial. Harris avisa que não devemos deixar-nos cair na tentação de deixar os nossos bons empregados sozinhos. Diz ele: «Quanto mais alto o desempenho do empregado, mais frequentemente deveremos proporcionar-lhe *feedback*.» Não devemos esperar pela avaliação anual. Nós e a nossa empresa dependemos de reter os melhores profissionais. Por conseguinte, é um sábio investimento do nosso tempo e da nossa energia apoiá-los e desenvolvê-los.

Princípios a ter em mente

Devemos:

- Dar regularmente *feedback* tanto positivo como construtivo aos nossos melhores empregados.
- Identificar áreas de desenvolvimento, mesmo que apenas poucas.
- Focar-nos no futuro e fazer perguntas sobre motivações e objetivos.

Não devemos:

- Presumir que os nossos melhores empregados atingiram o limite do seu desempenho.
- Deixar sozinhos os nossos melhores empregados.
- Assumir que os nossos melhores trabalhadores sabem quão apreciados são.

Estudo de caso: Reenquadrar o *feedback* no contexto dos objetivos a longo prazo

Ao longo de toda a sua carreira, Gretchen Anderson trabalhou com muitos profissionais jovens e ambiciosos. Durante a sua passagem por uma firma de consultoria estratégica, dirigiu uma consultora particularmente ambiciosa chamada Melissa. Melissa era extremamente trabalhadora – tão trabalhadora que Gretchen e outras pessoas temiam que a firma não conseguisse sustentar o seu ritmo acelerado. As avaliações consistiam em *feedback* positivo

COMO DAR ÀS ESTRELAS DA COMPANHIA 159

sobre o seu desempenho. Gretchen, no entanto, sentiu que tinha de abordar o ritmo de trabalho de Melissa: «Não queria que fosse mais uma história de esgotamento.»

Ao ouvir o *feedback*, Melissa ficou muito agitada. Não percebia porque é que Gretchen lhe agradecia que trabalhasse afincadamente e depois lhe dizia que deixasse de trabalhar com tanto ardor. Achava que deveria ser ela a avaliar se estava a trabalhar demasiado. Em todas as sessões de *feedback*, esta questão tornou-se uma fonte de intensa emoção para Melissa e de conflito com Gretchen. Melissa pedia regularmente sessões de seguimento para continuar a discutir o assunto e a massacrar Gretchen sobre a justiça do *feedback*.

Após meia dúzia de conversas, Gretchen decidiu que precisava de encontrar uma maneira de reenquadrar a questão de modo a que Melissa compreendesse o que estava em jogo. Em vez de iniciar as sessões focando o desempenho atual, começou por fazer perguntas a Melissa sobre os seus objetivos de carreira a longo prazo. Disse: «Eu sabia que não podia mudar a sua maneira de ser, mas podia focar-me em ajudá-la a mudar de comportamento desde que primeiro conseguisse levá-la ao estado de espírito adequado.»

Melissa explicou que queria ser promovida a diretora o mais depressa possível. Com esse objetivo, Gretchen foi capaz de explicar mais claramente a Melissa as consequências do seu ritmo de trabalho: como gestora, tinha de dar o exemplo aos seus colaboradores. Além disso, se estivesse constantemente a trabalhar no limite da sua capacidade, como lidaria com um pedido de última hora por parte de um cliente? Melissa precisava de pensar em abrir mais espaços no seu calendário, de modo que, quando se tornasse diretora, estivesse em condições de servir bem os seus clientes e tratar equitativamente os colegas. O impulso de Melissa para trabalhar intensamente não ia desaparecer. Portanto, em vez de batalhar contra ele, Gretchen deu-lhe uma razão que ela podia entender para modificar o seu comportamento.

Amy Gallo é colaboradora permanente da *Harvard Business Review* e autora do *Guia HBR da Gestão de Conflitos no Trabalho*.

Adaptado de conteúdo publicado em hbr.org em 3 de dezembro de 2008

Capítulo 17
Dar prioridade ao *feedback* – mesmo que falte tempo

por Daisy Wademan Dowling

PRATICAMENTE TODOS OS EXECUTIVOS JOVENS com quem trabalho querem ser bons gestores e bons mentores. Só não têm tempo – ou pelo menos assim o julgam. «Das duas, uma: ou fecho um novo negócio ou levo um dos meus colaboradores a almoçar para falar sobre a carreira dele», disse-me recentemente um líder dos negócios financeiros. «Nesta indústria e neste mercado, qual das duas coisas acha que vou escolher?»

Boa pergunta. Não é fácil ajudar os nossos empregados a desenvolverem-se enquanto tentamos aproveitar todas as oportunidades de negócio, mas podemos facilitar a vida a nós próprios, em parte dando *feedback* em moldes eficientes. Uma vez verificado que precisamos de o dar a alguém sob as nossas ordens diretas, podemos tornar esse processo mais eficiente de três maneiras:

Criar uma abertura normalizada

Para a maioria dos gestores, dar *feedback* – em particular *feedback* construtivo – é stressante e requer uma grande dose de preparação. Como haveremos de trazer à baila a análise desacertada, as barreiras à promoção, ou até a reunião que correu invulgarmente bem? Como mestres de xadrez passamos a maior parte do tempo a considerar a jogada de abertura. Por isso é que a chave para reduzir o tempo que gastamos a remoer e a preparar-nos para cada conversa assenta em ter uma maneira normalizada de abrir a conversa: uma forma simples, rotinada, de abrir discussões sobre desempenho.

A resposta é simplicidade e anunciar diretamente o que aí vem. Um direto «Vou-lhe dar algum *feedback*» ou «Está aberto ao meu *coaching* nisto?» concentra imediatamente a atenção e estabelece o tom certo. Ter a abertura pronta facilitar-lhe-á a preparação para o jogo. Além disso, a nossa abertura tornar-se-á familiar aos nossos subordinados diretos e isso ajudá-los-á a estarem sintonizados e a ouvirem mais claramente o *feedback*.

Ser contundente

O erro número um que os executivos cometem no *coaching* e no *feedback* à sua equipa assenta no facto de serem pouco francos – em geral, porque não querem ser cruéis. Caso alguém tenha usado alguma vez a frase «Talvez pudesse...» numa sessão de *coaching* ou pedido a algum dos seus subordinados para «pensar sobre» uma questão de desempenho, é provável que, em 99% por cento dos casos, não tenha sido suficientemente contundente. Contudo, quanto mais francos formos, mais provável é que os nossos subordinados oiçam a nossa mensagem, sendo, assim, mais provável também que tenhamos qualquer impacto – e depressa. O truque para ser franco sem nos sentirmos uns monstros? Sermos honestos, sinceros, sermos pessoais – ao mesmo tempo que abordamos a questão de frente.

DAR PRIORIDADE AO *FEEDBACK*

O melhor *feedback* que alguma vez recebi foi uns quantos anos depois do início da minha carreira, imediatamente após uma reunião terrível que tive com a alta direção na qual eu estava simultaneamente mal preparado e defensivo. Quando descíamos no elevador logo a seguir, o meu chefe disse-me calmamente: «Para a próxima vez, espero que faça melhor.» Não rodeemos as questões e também não deixemos que o destinatário o faça.

Pedir réplica

Se o nosso *feedback* não colher frutos, será preciso repeti-lo uma segunda vez – uma terceira e uma quarta –, o que toma muito tempo e energia a qualquer gestor. Para evitar a necessidade de repetições, é preciso assegurar-nos de que temos impacto logo à primeira, pedindo à pessoa que parafraseie o que ouviu. Se ela conseguir explicar-nos com clareza – nas suas próprias palavras – o que precisa de mudar ou fazer, é certo que percebeu a mensagem. Ficaremos a saber, então, que acabou a conversa e que podemos voltar a outras coisas. Se a mensagem tiver ficado confusa, atalhámos a necessidade de um seguimento futuro. Fazendo estas coisas regularmente (talvez até diariamente), não só pouparemos tempo a nós próprios e aos nossos subordinados diretos, como também estes últimos sentirão que não somos apenas chefes, mas também seus *coaches*. Apurarão as suas aptidões *e* permanecerão motivados. E para qualquer gestor isso é tempo bem gasto.

Daisy Wademan Dowling é administradora delegada e chefia o departamento de desenvolvimento de talentos do Blackstone Group, uma firma de gestão de ativos no mundo inteiro. É também autora de *Remember Who You Are* (Harvard Business School Press, 2004) e colaboradora regular da HBR.

Adaptado do *Guia do* coaching *dos empregados*, Harvard Business Review Press, 2015.

Capítulo 18
Navegar nas águas agitadas do *feedback* intercultural

por Andy Molinsky

EMBORA MUITOS DE NÓS NÃO GOSTEMOS de o fazer, sabemos que criticar o trabalho dos outros — idealmente de uma forma construtiva, cortês, produtiva — é parte essencial das nossas funções. Mas funcionará o nosso *feedback* de modo similar de uma cultura para outra? Será que as pessoas em Xangai providenciam *feedback* crítico da mesma maneira que as pessoas de Estugarda, Estrasburgo e Estocolmo?

Nein, non e *nej.*

Em vez disso defrontam situações em que têm de ajustar o seu estilo de *feedback*, o que, por vezes, é mais fácil de dizer do que fazer. Tome-se o caso de Jens, um executivo alemão enviado pela sede alemã da sua empresa para Xangai, a fim de aí melhorar a eficiência da fábrica. Todos os seus esforços, no entanto, pareciam estar a produzir um efeito exatamente contrário. Tanto a produtividade como a eficácia do pessoal estavam a descer, e Jens não conseguia perceber o que corria mal. Estava a usar tudo o que sabia funcionar na Alemanha — especialmente em termos de *feedback* de desempenho. De facto, assegurara-se duplamente de ser tão exigente e meticuloso com os seus empregados chineses como teria sido com pessoal alemão. Se estes não produziam aquilo que procurava, Jens estava «em cima do assunto», apresentando uma crítica imediata para que o processo entrasse novamente nos carris. Mas a abordagem falhava a toda a linha. Em vez de melhorar a eficiência, Jens parecia estar a reduzi-la, e os seus próprios chefes começaram a telefonar-lhe. Toda a situação se estava a tornar um desastre.

A verdade é que o que funcionava na Alemanha em termos de um *feedback* duro, crítico, diretamente negativo, era na verdade desmotivador para os novos empregados chineses de Jens, os quais estavam habituados a um estilo muito mais suave. Na Alemanha, não é costume destacar-se feitos específicos ou fazer elogios, exceto em casos de desempenho verdadeiramente extraordinários. Espera-se que os empregados façam um determinado trabalho e, quando o fazem, não precisam de especial reconhecimento. Na China – ou pelo menos naquela unidade fabril em concreto –, a cultura era bastante diferente. Os empregados estavam à espera de encorajamentos mais positivos em lugar de uma crítica pura. Os comentários positivos eram o que os motivava a aumentar a produtividade e suscitava aquele esforço suplementar, discricionário.

Jens precisou de bastante tempo e esforço para reconhecer esta diferença e dispor-se a adaptar o seu comportamento de modo a acomodar a abordagem chinesa, porque este estilo motivacional lhe parecia desajeitado e pouco natural. Não se sentia ele próprio quando era «brando» com os empregados e tinha sérias dúvidas sobre a eficácia de tal procedimento. No entanto, com a passagem do tempo e graças a bastantes episódios de tentativa e erro, Jens conseguiu desenvolver um novo estilo de *feedback* que funcionava no cenário chinês e também parecia aceitável (ou suficientemente aceitável) para a sua mentalidade alemã. Levou tempo e esforço, mas no fim de contas foi bastante eficaz.

O *feedback* de desempenho pode, claramente, ser muito diferente de umas culturas para outras, quer estejamos na Alemanha,

NAVEGAR NAS ÁGUAS AGITADAS DO *FEEDBACK* 167

na China, no Reino Unido ou nos Estados Unidos. Dado este facto e o nosso interesse em sermos gestores globais eficazes, que podemos fazer para garantir que o nosso estilo encaixa no novo cenário?

- **Aprender as novas regras culturais**. Muitos gestores que conheço dizem-me que haviam simplesmente assumido que o seu estilo era universal e que fora essa falta de consciência das diferenças que inicialmente os metera em sarilhos. Quão direto e direito ao assunto se espera que sejam? Qual a importância de salvar a face e/ou proteger o estatuto social dos outros ao dar *feedback* em situações coletivas? Aprender o código cultural informando-se sobre a cultura e observando-a em ação é o primeiro dos passos a dar para desenvolver fluência cultural.
- **Encontrar um mentor cultural**. Jens teve um mentor cultural de origem chinesa que o ajudou a sair daquele atoleiro. Embora não partilhasse a cultura alemã de Jens, este homem tinha uma experiência global, tendo trabalhado muitos anos em posições de alto nível em empresas multinacionais. Um mentor que compreenda a nossa posição, bem como as expetativas da nova cultura, pode ajudar-nos a arquitetar um novo estilo que se ajuste ao sítio onde estamos e que sintamos como autêntico.
- **Adaptar o nosso comportamento**. Não assumamos que, para sermos bem-sucedidos, temos de seguir à letra o comportamento da outra cultura. Podemos muitas vezes criar uma mescla ou um híbrido simultaneamente confortável (o bastante) para nós e eficaz no novo cenário. Jens, por exemplo, conseguiu ajustar o seu estilo de *feedback* no sentido de ser um tanto menos franco do que na sua abordagem alemã, e isso funcionou.

À medida que as organizações se tornam mais globais, a maior parte de nós vai deparar-se cara a cara com colegas de diferentes origens culturais, seja no estrangeiro, seja nos nossos próprios escritórios. Aprender a participar em conversas difíceis e a fazer críticas de uma cultura para outra é certamente um desafio. Mas com estas dicas em mente podemos enfrentá-lo, seja qual for a parte do mundo em que estejamos.

Andy Molinsky é professor de Comportamento Internacional Executivo e Organizacional na Brandeis International Business School. É autor de *Global Dexterity: How to Adapt Your Behavior across Cultures without Losing Yourself in the Process* (Harvard Business Review Press, 2013).

Adaptado de conteúdo publicado em hbr.org em 15 de fevereiro de 2013.

Capítulo 19
Como discutir desempenhos com a nossa equipa

por Rebecca Knight

A MAIOR PARTE DESTE LIVRO foi dedicada ao *feedback* individual. Mas nem sempre estamos a tratar com uma só pessoa de cada vez. E se estivermos a lidar com a apreciação de um trabalho de equipa? Que crítica construtiva é apropriada num contexto coletivo? Quanto é demais? E como devem ajudar-nos os nossos colegas?

Lá porque estamos diante de um grupo de empregados, em vez de um só, não significa que tenhamos de morder a língua. Há umas quantas maneiras de dar *feedback* a uma equipa de forma que todos os elementos beneficiem.

O que dizem os especialistas

Dar *feedback* não é responsabilidade exclusiva do chefe de equipa, segundo Mary Shapiro, autora do *HBR Guide to Leading Teams*. Para começar, não seria prático. «Nenhum chefe pode ser o único a pedir responsabilidades a toda a gente porque não pode observar tudo o que se passa», diz ela. Em segundo lugar, se há um único a elogiar ou a criticar, a dinâmica do grupo sofre. «Queremos dar a toda a gente a oportunidade de dizer de sua justiça», defende ela. É nossa tarefa como gestores garantir que os membros da equipa estão a «dar *feedback* construtivo regularmente», diz Roger Schwarz, psicólogo organizacional e autor de *Smart Leaders, Smarter Teams*. «Tem de haver a expetativa no seio da equipa de que isto é uma responsabilidade de liderança partilhada», explica. Eis alguns princípios que nos ajudam a lançar as bases para garantir e aprimorar esta prática de equipa eficaz.

Estabelecer cedo as expetativas

«Quando uma equipa trabalha bem em conjunto, é porque os seus membros estão a trabalhar na base de um mesmo espírito e estão esclarecidos sobre os seus objetivos e as suas normas», explica Schwarz. No arranque de um novo projeto, ajudemos os nossos subordinados diretos a «decidir como vão trabalhar juntos» – e, o que é importante, como irão «pedir responsabilidades uns aos outros», avança Shapiro. Ela recomenda que se chegue a um «acordo explícito» sobre como a equipa tratará questões como a repartição do trabalho e os prazos. Importa que se estipule, por exemplo, que, se um colega sabe que vai falhar um prazo importante da sua parte do projeto, tem de enviar um *e-mail* à equipa com pelo menos 24 horas de antecedência. «Se alguém não corresponder às expetativas que a equipa criou, receberá *feedback* do grupo sobre o que aconteceu e porque não esteve à altura.»

Criar condições para verificações regulares

Não há nenhuma regra fixa sobre quantas vezes deverá uma equipa reunir para verificar como estão as coisas a andar, mas, em geral, «é melhor começar de forma mais estruturada e afrouxá-la com a passagem do tempo do que começar com pouca formalidade e ter de impô-la mais tarde», afiança Shapiro. Quando estamos nas primeiras fases de um plano para um projeto marquemos verificações regulares como parte do calendário. «Se a equipa estiver a rodar sem atritos, pode-se sempre cancelar as reuniões.»

Fazer perguntas gerais

Dar e receber *feedback* é uma arte – e a maior parte das pessoas não é naturalmente boa nessa arte –, diz Shapiro. «Um dos nossos objetivos é desenvolver a capacidade da nossa equipa para dar *feedback* e ajudar outros a habituarem-se a manifestar o que lhes parece o trabalho da equipa.» Dar pequenos passos. Na segunda ou terceira recapitulação, fazer ao grupo perguntas gerais, tais como: «Numa escala de 1 a 5, como classificaria a partilha da carga de trabalho na equipa? Que deve mudar?» O *team leader*, na qualidade de chefe da equipa, é o moderador desta conversa. Uma vez que os membros da equipa tenham falado, dará a sua opinião sobre «em que sobressai a equipa e em que enfrenta dificuldades», acrescenta Schwarz.

Trabalhar em prol de avaliações estruturadas

À medida que uma equipa se acostuma a trabalhar em conjunto e a partilhar *feedback*, «é preciso mergulhar mais fundo em como os seus membros se estão a comportar a nível individual», diz Shapiro. Deve pedir-se a cada pessoa que prepare avaliações específicas de cada colega para serem lidas na reunião seguinte. «Cada um dos membros da equipa deverá enunciar uma coisa que aprecie nos outros membros e uma coisa que seria bom que fizessem de forma diferente.» O objetivo é ajudar «as pessoas a entenderem de que maneira o seu comportamento está a ter impacto nos outros», diz ela.

«Se ouvirem o mesmo tipo de *feedback* de múltiplas fontes, o efeito é poderoso.» Quando chega a nossa vez, Schwarz recomenda validar as nossas observações com outros. «Há que perguntar "Está a ver as coisas da mesma maneira?" para obter as reações das outras pessoas.»

Manter as questões de desempenho à vista

O *mantra* da gestão no *feedback* individual é: «Elogiar em público, criticar em privado.» Mas, no contexto de uma equipa, isto vai janela fora, segundo Schwarz. «Na visão tradicional, é inapropriado levantar numa reunião questões que possam ser desconfortáveis para as pessoas ou pô-las na berlinda.» Mas a tarefa de um chefe nem sempre é deixar as pessoas confortáveis. Quando as equipas têm problemas, «deve pôr-se tudo em pratos limpos», diz ele. «Só o chefe pode ajudar as pessoas a melhorarem; é preciso que haja um plano coletivo.» Depois de ter «canalizado o potencial do grupo» para estimular mudanças, impõem-se conversas um por um com os colegas com dificuldades, diz Shapiro. Digam-lhes: «Que foi que ouviram da equipa? Como vão fazer as coisas de maneira diferente? E como posso eu ajudar?»

Fomentar as relações da equipa

Os conflitos entre colegas de trabalho são inevitáveis. Mas, diz Schwarz, «não se pode dizer apenas, "eu trato disso" porque ninguém pode [como chefe] resolver um problema no qual não é principal parte interessada. Podemos preparar as pessoas sobre a técnica de ter conversas difíceis e podemos ajudar a facilitar essas conversas, mas os membros de uma equipa precisam de lidar com as questões onde residem as interdependências». Há que ajudar os colegas a criarem confiança antes de surgirem os problemas encorajando uma conversa aberta. «E quando há um conflito assegurarmo-nos de que eles compreendem que precisam de dar *feedback* diretamente uns aos outros», diz Schwarz. E Shapiro acrescenta: «A única maneira de fazer um bom trabalho é através de boas relações – quanto melhores as relações tanto melhor o trabalho.»

Fazer a recapitulação de cada projeto

Na conclusão de um projeto ou quando vai ser desmantelada a equipa, deve marcar-se uma reunião de verificação final para discutir «o que funcionou e o que não funcionou, o que devemos prosseguir e o que deveremos fazer de maneira diferente da

COMO DISCUTIR DESEMPENHOS 173

próxima vez», diz Schwarz. O gestor deve tomar cuidadosamente nota: a informação colhida nesta sessão não só deverá fazer parte da avaliação final do projeto, como também da apreciação anual de desempenho de cada um dos membros da equipa, diz Shapiro. O objetivo é «fechar o balanço da equipa e também determinar o que cada membro precisa de fazer para ir mais longe no seu desenvolvimento».

Princípios a ter em mente

Devemos:

- Assegurar-nos de que a equipa compreende que o *feedback* é uma responsabilidade de liderança partilhada.
- Marcar reuniões de verificação regulares.
- Manter um tom positivo encorajando os membros da equipa a dizerem o que apreciam nos contributos dos outros.

Não devemos:

- Eludir as questões de desempenho.
- Dar o nosso *feedback* à equipa sem lhes perguntar primeiro o que eles pensam do seu próprio trabalho.
- Atravessarmo-nos em conflitos de personalidade.

Estudo de caso 1: criar oportunidades para a reflexão individual e de equipa

Uma vez por trimestre Laree Daniel – diretora administrativa da companhia de seguros Aflac – reúne equipas *ad hoc* para sessões de *feedback* relativas a um incidente específico com um cliente. «Pego num estudo de caso de um cliente em que nós tivemos uma atuação muito boa ou muito má e reúno toda a gente que de alguma maneira teve qualquer coisa a ver com esse cliente», diz ela.

Primeiro, Laree assegura-se de que toda a gente está a par do assunto. Os membros da equipa recebem um pacote de informação, que inclui um relatório do incidente, transcrições de telefonemas, cópias de cartas do cliente e cópias das respostas da empresa. A seguir, faz uma série de perguntas à equipa: Que funcionou bem? Onde estiveram as falhas? Que podemos fazer melhor?

O objetivo, diz ela, é levar a equipa a refletir sobre o comportamento da empresa, tanto do ponto de vista do cliente como dos acionistas. «Não se trata de atribuir culpas e não estou a repreender ninguém», diz. «Sou um facilitador e crio um ambiente neutro.»

Durante estas reuniões de *feedback* os colegas têm muitas vezes epifanias. «Tomam consciência: "Não sabia que [o meu comportamento] tinha um tal impacto"», diz ela. «Torna-se uma experiência de aprendizagem dinâmica.»

O *feedback* e a informação que recolhe nessas reuniões são usados para melhorias do processo. «As melhores ideias vêm das pessoas que estiveram mais próximas do trabalho.»

Estudo de caso 2: Focar-se em dar poder à equipa

David S. Rose, o patrocinador e CEO da Gust – uma plataforma para o financiamento e gestão de investimentos em fase inicial –, tem uma abordagem simples em matéria de *feedback* coletivo. «O objetivo é não deprimir a equipa», diz ele. «Tento manter tudo positivo e explanar os nossos pontos fortes e os desafios que enfrentamos.»

Há alguns anos, por exemplo, esteve envolvido na chefia de uma equipa técnica de 15 pessoas numa empresa de informática. O principal problema era a dececionante receção do seu produto B2B. «Os clientes estavam descontentes e o pessoal de vendas ao público era sujeito a grandes descomposturas», explica. «Como equipa, tínhamos alguns bons colaboradores individuais, mas precisávamos de melhorar o trabalho em conjunto. Eu não podia entrar por ali dentro e dar um *feedback* na linha de: "Estes produtos

COMO DISCUTIR DESEMPENHOS

são péssimos: estão todos despedidos." Precisávamos de identificar os problemas organizacionais e arranjar uma receita para seguir em frente.»

Dividiu a equipa em subgrupos de duas ou três pessoas e encarregou cada uma de proceder a um *brainstorm* sobre como gerir um determinado desafio entre equipas. Os subgrupos deram depois o seu *feedback* aos restantes; com base nisso, desenvolveu-se uma estratégia para melhorar o fluxo de trabalho e a comunicação. «Arranjámos um plano para o efeito e toda a equipa se sentiu empoderada», diz ele. «Sabíamos quais eram os problemas e percebemos como resolvê-los.» Em menos de nove meses, conta, os produtos estavam em muito melhor forma.

Rebecca Knight é uma jornalista *freelance* de Boston e ensina na Wesleyan University. Os seus trabalhos têm sido publicados no *New York Times*, no *USA Today* e no *Financial Times*.

Adaptado de conteúdo publicado em hbr.org em 16 de junho de 2014.

Índice remissivo

360 graus, feedback, 104

aberto, enquadramento, 36

abertura, 39, 42, 53, 73, 77, 81, 83, 162

alienação, dos membros da equipa, 65

apreço, exprimir, 25, 155. *Ver também* reconhecimento

aprendizagem no trabalho, 30, 31, 60, 64, 82, 104, 124, 131, 174

atitude colaborante, 83

Aumentos, 17, 96, 101, 105, 106, 123-131

autoestima, 27, 109

autojustificação. *Ver também* reações defensivas

Autonomia, 60-62

avaliar desempenhos, 7, 15, 16, 31, 57, 69, 76, 93-99, 101-107, 109--112, 113-121, 123-131-134, 173

cenário, para o *feedback*, 27, 166, 167

chefes

– atitude, 73-74, 83

– compatibilidade entre empregados e, 54-56

– desprendimento, 63

– e desempenho dos empregados, 129, 133

– esgotamento, 64

– expetativas, 51-52, 61-62

– pensamento categorial, 59

– pressuposições deles sobre empregados de fraco desempenho, 58-61, 76-78

– reconhecimento dos empregados, 85-89

– reputação, 63, 64

– responsabilização, 66, 68-69, 119

classificações, nas avaliações de desempenho, 96-97

coaching, 16, 24, 30, 32, 34, 74, 79, 82, 83, 96, 110, 112, 116, 124, 138-143, 162, 163

confiança, 49, 81, 110

confidencialidade, 140

contínuo, *feedback*, 7, 8, 13-90, 103, 139

contundência, 150, 162

conversas
- com empregados de fraco desempenho, 139-140
- com empregados na defensiva, 149-151
- com estrelas da companhia, 155-158
- escalada durante, 39-40, 42
- *feedback* (*ver feedback*)
- sobre dinâmicas pouco saudáveis entre chefe e subordinado, 67-71
- ter conversas difíceis, 32

crítica. *Ver feedback* negativo

crítica construtiva, 20, 26, 169
- para equipas, 169-175
- para especialistas, 19-21
- para pessoas de alto desempenho, 114-120

Ver também feedback negativo

desempenho, avaliações, 16-18
- abordagem construtiva, 95-96
- aumentos de remuneração, 17, 96, 101, 105, 106, 123-131
- classificações, 96-97
- comunicação eficaz, 93-99
- de empregados de fraco desempenho, 54, 67, 69, 72-74, 76
- expetativas, 94-95
- foco nas fraquezas, 109-112
- lançar as bases, 94-95
- manutenção de registos, 133--134
- medição exata do desempenho, 101-107
- não recuar, 96-97
- objetivos dos empregados, 113-121
- opiniões de terceiros, 102-103
- promoções, 17, 72, 101, 102, 106, 123-131, 156, 162
- tom, 17, 31, 81, 95, 97, 98, 149-151, 162, 173

desempenho de papéis, 32, 38, 40

desempenho excelente. *Ver* estrelas da companhia

desempenho, aferição, 94-95, 101--105, 124-125, 138-139, 154-155

despedimento, 75, 141

despedir empregados, 52, 56, 98, 133, 141, 175

desprendimento, 62

documentação do desempenho de empregados, 133-134

duração, do *feedback*, 28

efeito de falso consenso, 37, 47

Elogio, 19-22
- para empregados de fraco desempenho, 54, 67, 69, 72-74, 76
- problemas, 25-27

Ver também feedback positivo

emoções
- e *feedback* negativo, 148-149
- gestão, 30-31

empregados
- alienação, 65
- autonomia, 52, 59, 61, 66, 72, 114, 127

ÍNDICE REMISSIVO

- avaliações de desempenho (*ver* avaliações de desempenho)
- avaliar o seu desempenho, 7,8, 16, 31, 76, 77, 93-99, 134, 101-107, 109-112, 113-121, 123-131, 133-134, 139, 142, 143, 158, 159, 162, 169-175
- classificação, 96-97
- compatibilidade entre chefes e empregados, 54-56
- construção de relações, 24-27
- crescimento, 7, 39, 40, 79-83, 104, 125, 154
- cultivar relações com, 24-25
- desligar, 61-63
- despedimentos, 75, 141
- desprendimento, 62
- empenho, 128-129
- esgotamento, 64, 129, 159
- expetativas, 17, 38, 47, 51, 53, 55, 56, 61, 71, 76, 77, 96-98, 102, 111, 138, 167, 170
- *feedback*, 32
- fraco desempenho (*ver* empregados de fraco desempenho)
- fraco desempenho (*ver* empregados de fraco desempenho)
- grupo "in" e grupo "out", 59, 65, 66
- ligações emocionais com, 26, 28
- motivação, 21, 44, 52, 56, 59, 61, 82, 86, 110, 114, 126-128, 157
- na defensiva, 149-151
- novos papéis, 124-131
- objetivos, 8, 16, 17, 26, 29, 32, 55, 60, 66, 70, 89, 94, 96, 97, 102-04, 111-121, 124, 125, 127, 134, 140, 149, 154-159, 170, 171
- pedir contas, 119
- pontos fortes, 110-112, 156
- pontos fracos, 109-112, 156
- promoções, 106, 123-131
- reações ao *feedback*, 21-22, 23-24, 26-27, 40-41, 147-151
- reconhecimento, 85-90

empregados de alto desempenho. *Ver* estrelas da companhia

empregados na defensiva, 147-151

enquadramento
- aberto, 36, 38
- binário, 36, 37, 41, 43, 44, 46-49
- congelado, 36, 41, 43, 44, 49
- estreito, 36, 37, 41, 43, 44, 46, 48
- *feedback*, 36-41
- restritivo, 35-37, 47-49

equilíbrio competência-desafio, 125

equipas
- acompanhamento regular, 170-171
- avaliações estruturadas, 170-172
- e síndrome de fracasso programado, 51-78, 119
- empoderamento, 174-175
- expetativas, 169-171
- *feedback*, 169-175
- fomentar as relações, 172-173
- recapitulação de projetos, 173
- reconhecimento, 89-90

erro fundamental de atribuição, 46

escultura de tarefas, 116, 117
esforço, 27
especialistas, 20, 21, 106
estratégias defensivas, 148, 149
estrelas. *Ver* estrelas da companhia
estrelas da companhia
- aferição do seu desempenho, 154-155
- carga de trabalho, 64
- *feedback* produtivo, 16, 153--160
- obstáculos ao seu desenvolvimento, 156-157
- pontos fortes e fracos, 154--155
- recompensação, 87-89, 106--107, 123-131
- reconhecimento, 86-87, 154--155
- seus objetivos e aspirações, 156-160
- tratamento, 58-61

factos, centrar-se nos, 29-30
feedback
- 360 graus, 104
- contexto, 27-29
- contínuo, 7, 8, 13-90, 103, 139
- enquadramento, 36-41
- ensaiar, 31-32
- factual, 29-30
- formal, 16-18
- importância, 15-16
- intercultural, 165-168
- negativo (*ver* negativo, *feedback*)
- normalização, 162
- para as estrelas da companhia, 153-160

- para equipas, 169-175
- pedir aos empregados, 32
- pedir réplica, 163
- positivo (*ver* positivo, *feedback*)
- preparação, 27-29
- quando dar, 33
- reações, 20-24, 26, 40-41, 147-151
- reenquadramento, 37-38, 47--49, 158-160
- tempo limitado e estabelecer prioridades, 161-163
- *timing*, 27-28, 33
- tipos, 16-17
- tornar aceitável, 49
feedback corretivo. *Ver feedback* negativo
feedback formal, 16-18. *Ver também* avaliações de desempenho
feedback intercultural, 165-168
Feedback, sanduíche de, 95
fraco desempenho, empregados
- ajudar, 137-145
- avaliações de desempenho, 95
- causas de fraco desempenho, 69-70, 138-139
- *coaching*, 16, 24, 30, 32, 34, 74, 79, 82, 83, 96, 110, 112, 116, 124, 138-143, 162, 163
- consequências, 141
- conversa, 138-140
- dar *feedback*, 15, 138-140
- desligar, 61-63
- despedimento, 52, 56, 75, 98, 133, 141, 175
- intervenção, 66-76
- pressuposições, 58-61, 72-73, 76-77

ÍNDICE REMISSIVO

– síndrome do fracasso programado, 51-78, 119
fraseamento temperado, 150-151

gestão de desempenho, 104-105
gestores. *Ver* chefes
grupos *in*, 59

incompetência especializada, 149

justiça, 29, 48, 49, 75, 80, 159, 170

ligações pessoais, cultivar, 24-25
linguagem corporal, 149-150
local físico, para *feedback*, 27-29
localização. *Ver* localização física, para *feedback*

manipulação, *feedback* positivo, 26
más notícias. *Ver feedback* negativo
medição de desempenho, 101-107
modelo de aprendizado, para aprendizagem no trabalho, 130-131
motivação intrínseca, 127
motivação, 21, 44, 52, 56, 59, 61, 82, 86, 110, 114, 126-128, 157
motivos, presunções sobre os dos outros, 30

negativo, *feedback*
– abordagem indireta, 40, 42-46
– dar, 29-30, 35-50, 81-83, 95-96, 138-140, 149-151
– desconforto em dar, 79-80, 148-151
– e motivação, 21, 44, 52, 56, 59, 61, 82, 86, 110, 114, 126-128, 157

– erros comuns, 79-80
– fraseamento, 150
– necessidade, 19-22
– questões interculturais, 165-168
– rácio, em relação a *feedback* positivo, 24-26
– reações defensivas, 23, 27-30, 40, 63, 71, 79, 147-151
– tom, 149-150
– tom neutral, para o *feedback* negativo, 149-150
Novatos, 20, 21

objetivos
– a longo prazo, 158-159
– atingíveis *versus* desafiantes, 114-115
– da companhia, 114-116
– da equipa, 89-90
– do empregado, 16, 17, 102-103, 113-121
– dos empregados de alto desempenho, 157-159
– estabelecer os dos empregados, 114-116, 119-120
– monitorização do progresso, 115-116
– pedir contas, 119
– pessoais, 115-116
– planear para os atingir, 114-116
– ultrapassar os obstáculos, 116
objetivos a longo prazo, 115, 118, 158, 159
objetivos da empresa, 114-115,
objetivos pessoais, 115-116, 119, 155-156

organizacionais, valores, ligar-lhes o reconhecimento, 87-88

out, grupos, 59, 65, 66

pedir contas, 119

pensamento categorial, 59

Pigmalião, efeito, 54

positivo, *feedback*
- perigos, 25-25
- rácio, em relação ao *feedback* negativo, 24-26
- reconhecimento, 85-90
- ressentimento, 26-27
- reforço das relações, 24-26
- para empregados de fraco desempenho, 54, 67, 69, 72-74, 76
- para novatos, 20, 21
- motivação, 21, 44, 52, 56, 59, 61, 82, 86, 110, 114, 126-128, 157

preconceitos, 36-37, 49

prémios. *Ver* recompensas

pressuposições
- de uma cultura para outra, 165-168
- questionar as nossas, 29, 53, 72-73, 76
- sobre empregados que não estão à altura, 58-61, 72-73
- sobre o que pensa o chefe, 62

problemas de desempenho, 33, 137-144

produtividade, medição, 101-102. *Ver também* medição do desempenho

promoções, 17, 72, 101, 102, 106, 123-131, 156, 162

proximidade, 28

questões culturais, 165-168

reação à ameaça, 23-24, 29, 31

reação lutar ou fugir, 23

reações defensivas, 23, 27-30, 40, 63, 71, 79, 147-151

realizações, *versus* promoções, 106-107

recapitulação de projetos, 171, 172

recompensas
- à medida de cada um, 89
- aumentos, 17, 96, 101, 105, 106, 123-131
- condizentes com a realização, 87-89
- por mudança positiva, 140-141
- promoções, 17, 72, 101, 102, 106, 123-131, 156, 162

reconhecimento, 85-90
- à medida de cada um, 89
- das estrelas da companhia, 154-155
- de equipas, 89-90
- em tempo real, 129
- fazer a recompensa condizer com a realização, 87-89
- frequente, 86-87
- ligar aos valores organizacionais, 87-88
- motivação, 21, 44, 52, 56, 59, 61, 82, 86, 110, 114, 126-128, 157

Ver também feedback positivo

reenquadramento do *feedback*, 37-38, 47-49, 158-160

ÍNDICE REMISSIVO

registos dos empregados. *Ver* documentação do desempenho de empregados

registos, manutenção, 133-134

relações
- cultivo, 24-27
- de equipa, 172-173

Repreender, 82

ressentimento, para com *feedback* positivo, 26-27

restritivo, enquadramento, 35-37, 47-49

reunião de planeamento de desempenho, 94-95, 113

reuniões de acompanhamento, 103

revisões de desempenho. *Ver* avaliações de desempenho

rotação de empregados, 128

síndrome do fracasso programado, 51-53
- custos, 53, 63-65
- desconstrução, 58-63

- e equipas, 64-65
- inícios, 52-56
- intervenção, 66-76
- panorama, 51-52
- prevenção, 76-78
- reversão, 53-54
- sua natureza de auto realização e autorreforço, 56-58, 66--67
- superação, 65-76

subordinados diretos. *Ver* empregados

subordinados. *Ver* empregados

timing, do *feedback*, 27-28, 33

tom, 17, 31, 81, 95, 97, 98, 149-151, 162, 173

tomada de decisões, sobre promoções e aumentos, 105, 106, 123--131

valores da empresa, associar-lhes o reconhecimento, 87-88